"EL VASO DE PANDORA"
La verdad escondida sobre los encuentros y las relaciones románticas

Alessio David Ricioppo Parra

Hey, my name is
Alessio David Ricioppo Parra.

Life and dating coach!
I help people achieving
their maximum potential!

Sobre el autor:

Alessio David Ricioppo Parra (nacido el 21 de septiembre de 1988 en Génova, con doble ciudadanía española e italiana) es un life y dating coach y uno yogi avanzado, que empezó a practicar yoga a la edad de 16 años y le encanta ayudar a las personas a ser más felices, crecer en una mejor versión de sí mismas y realizar sus sueños.

Alessio David Ricioppo Parra
EL VASO DE PANDORA
La verdad escondida sobre los encuentros y las relaciones románticas

ISBN 978-0-244-09092-0

Publicado gracias a: lulu.com

Página web: theinteriorlight.wordpress.com
Correo electrónico (recensiones, preguntas y solicitud de life y dating coaching): theinteriorlight@gmail.com

INTRODUCCIÓN Y RECONOCIMIENTOS

Este libro fue solicitado por mis lectores como continúación de mi libro **"La Luz Interior – Activa tu grandeza"** (disponible en <u>lulu.com</u>), examinando con más detalles los encuentros y las relaciones románticas. Cuando leas este libro, descubrirás toda la verdad sobre los encuentros y las relaciones románticas. Y una vez que la veas, no podrás volver nunca atrás. Esta es la verdad escondida que el feminismo y la sociedad no quieren hacer ver a las personas y por esta razón hacen de todo para esconderla.

Querido/a lector/a, me podrías preguntar: *"Porqué el libro se llama así?"*). En la mitología griega el vaso de Pandora era un vaso en el cual fueron encerrados todos los males del mundo, pero Pandora fue muy curiosa al punto que decidió de abrirlo lo mismo y esto causó la dispersión de los males del box y dejando solamente la *"esperanza"* en el fondo del vaso. Pero esta vez cuando el vaso vendrá abierto, serán las ilusiones y las mentiras (que el feminismo y la sociedad intentaron e intentan de implantar en todas las personas) a desaparecer, dejando solamente la verdad sobre los encuentros y las relaciones románticas en el fondo del vaso. Esta verdad será tuya para el resto de tu vida, mejorandote y ayudandote a tener excelentes encuentros y relaciones románticas. Este es el motivo por el cual este libro ha sido intitulado *"El vaso de Pandora"*. Te aconsejo de leer este libro por los menos 10-15 veces y practicar al punto de que los principios aquí explicados sean instintivo para ti y así te volverás un alfa de tu respectivo sexo (hombre alfa, mujer alfa). Este libro está dedicado en manera especial a todos mis lectores y a las personas que hicieron posible la publicación. Sabéis quienes sois y para cada uno de vosotros: muchas gracias! Estás listo/a para abrir el vaso?.... Claro que sí, vamos!!! =-)
Buena lectura!

Coach Ricioppo Parra

RESUMEN

LA CHISPA DE LA ATRACCIÓN

"Él es así diferente de los otros" - Yana pensó cuando lo miró a sus ojos... Esto pasó durante una noche blanca en San Petersburgo.

Yana es una brillante y guapísima modelo: pelo largo de color marrón, ojos azules y en excelente forma. Ella estaba pasando un período duro, por haber tenido una ruptura con su ex novio Igor algunas semanas antes.

La relación con él fue larga y habiendo invertido mucho tiempo y energía en la misma, Yana estaba completamente deshecha al acabarse la misma – al punto de no querer salir de casa, excepto que para ir al trabajo.

Essenia estaba muy preocupada por ella. Essenia es la mejor amiga de Yana y también ella es una modelo: pelo largo y rubio, ojos marrones y en excelente forma. Se conocen desde hace muchos años, aunque esta era la primera vez que Essenia veía Yana encontrarse así de mal humor.

Essenia consiguió hacer hablar Yana cerca lo que le pasaba, pero Yana continúaba rechazando de salir de casa excepto para el trabajo.

Essenia respectó el deseo de Yana, pero después de muchas semanas ya no pudó estar a mirar sin hacer nada para ayudarla. Essenia llamó Yana aquella tarde: *"¡Yana! Lo sé que te sientes mal, pero se continúas así te vas a deprimir. Tengo una idea, ¿vamonos a una fiesta divertida? Te ayudará a distraerte"*.

Yana apreció la llamada y le dijo: *"Tienes razón Essenia. Necesito distraerme. Vamonos a la fiesta, pero acuerdate que mañana por la mañana tendremos mucho trabajo. A media noche tendremos que irnos"*.

Essenia contestó: *"Claro, corazón. Voy a recogerte a las 20:00 en frente de tu casa. Entonces nos vemos después, besos."*

Essenia fue a recoger a Yana, cumplimentandola por el vestido y se fueron a la fiesta. La fiesta había sido planeada por una amiga de Essenia, Anastasia. Cuando llegaron, Anastasia saludó a Essenia, quién le presentó a Yana.

"Que os divertáis" - Anastasia dijo a las dos y después se fué.

El local elegido por Anastasia era grande, con música suave y divertida de fondo y mucha gente – hombres y mujeres. Muchos hombres intentaron a flirtear con Yana.

La mayoría de ellos era claramente incompetentes, usando líneas de flirt como *"Eres una ladrona, porqué me robastes el corazón"*, *"Te pareces a Irina Shayk"*, *"¿Puedo comprarte algo?"*, *"Me preguntaba si podríamos salir juntos algunas veces"* y otros flirts débiles de este tipo.

Ninguno de ellos causó una buena impresión a Yana. El primer intento de flirt le causó nauseas. El segundo no la hizo sentir única y especial. El tercer hombre intentó con desesperación de buscar la aprobación de la mujer, mientrqas que el cuarto no parecia tener confianza en sí mismo.

Algunos de ellos fueron muy pesados, así que Yana les pidió las tarjetas de contacto para hacerlos alejar (tirando a la basura las mismas cuando los hombres no la estaban mirando).

Algunos flirts fueron bastante buenos y en estos casos Yana dejó su número a ellos.

Llegó la medianoche, la hora de irse. Yana y Essenia estaban preparandose, cuando de repente vieron algo inusual.

En la profundidad del local estaban dos hombres que se divertían muchisimo y que no buscaban activamente las mujeres del local. Estaban muy tranquilos, hablando, divertiendose y escuchando la música. Yana y Essenia vieron como algunas mujeres pasaban cerca de ellos, se paraban a hablar por algunos minutos y después se iban sonrientes en otra parte del local.

"¿Quienes son?" - se preguntaron Yana y Essenia. Y fue en ese instante en el que Yana miró a los ojos a uno de los dos hombres. Su presencia era completamente diferente comparada con los otros hombres que intentaron flirtear con ella durante la fiesta. Yana sonrió y estaba un poco nerviosa cuando vió que el hombre la invitaba de manera jueguetona con un dedo a hablar con él. Yana empezó a mirarlo en manera sorprendida y pensó....: *"¿¡Porqué no me buscas activamente como todos los demás hombres?!"* y lo invitó con un dedo a ir a hablar con ella. El hombre negó con la cabeza e insistió para que Yana fuera a hablar con él y a tal punto que ella no pudo más retener su curiosidad.

"*Voy a hablar con él, si quieres puedes venir conmigo*" - dijo Yana a Essenia.

Yana fue rapidamente hacia él y le dijo: "*¡Hola! ¿Qué tal? ¿Qué os parece la fiesta?*", concentrandose principalmente en el hombre que la había invitado. El hombre empezó a hablar: "*Sí, nos estamos divirtiendo mucho*" - y diciendo esto, se acercó a ella y continuó: "*Eres increíble, me quitas el aliento. Eres una belleza intoxicante. ¿Cómo te llamas?*".

Yana fue sorprendida positivamente por la confianza del hombre y le contestó : "*Me llamo Yana, encantada de conocerte. ¿Y tú?*"

El hombre contestó: "*¡Encantado de conocerte! Me llamo Diego y él es mi amigo Emilio. Somos amigos de la organizadora de la fiesta*".

(Cuando una mujer tiene interés en un hombre y el hombre le pregunta su nombre sin decir el propio, la mujer le preguntarà el suyo).

Mientras estaban hablando, Essenia se puso en la conversación y se presentó a los dos. Diego y Emilio empezaron a bromear con ellas y observaron que Essenia informó a Yana que era medianoche así que tenían que irse. Diego, notando esto, dijo: "*Esperad un momento, ¿estamos en la obra de Cenicienta?*" con Yana que se puso a reir y continuò: "*Essenia, necesito hablar privadamente con Yana por un minuto*".

Diego y Yana se alejaron un poco y después Diego le dijo mirandola fijo a los ojos: "*Me encantas Yana. Comprendo que ahora tienes que irte con tu amiga. ¿Cual es tu número?"* y sacó el móvil de su bolsillo.

Yana fue sorprendida por la confianza y actitud directa del hombre así que se intercambiaron los números.

A ese punto Yana y Diego volvieron a la mesa y Diego dijo a Essenia: *"¡Cenicienta está lista ahora! ¡Buenas noches chicas!"*.

Yana y Essenia se rieron y saludaron a los chicos. Essenia mencionó a Yana que Emilio le ofreció directamente su número, diciendole de contactarlo en caso de que tuviese planes interesantes y ella le dió el suyo.

Yana y Essenia comentaron el hecho de que Diego y Emilio parecían completamente distintos de los otros hombres del local: muy directos, confiados y divertidos.

Yana mencionó a Essenia que la presencia de Diego era muy dominante y al mismo tiempo gentil y bromista – algo que no veía desde hacía mucho tiempo.

Volviendo a casa, Yana dió las gracias a Essenia por la preciosa noche y se saludaron. Estaba claro que en aquella noche se encendió la chispa de la atracción entre Yana y Diego.

(Para que un hombre tenga la posibilidad de seducir y frecuentar romanticamente a una mujer, la misma tiene que sentir por lo menos un nivel mínimo de atracción. Si se produce la chispa de atracción, en este caso es posible incrementarla y explorarla.
En el caso contrario, la vida continúa y habrá nuevas oportunidades. Por lo tanto, en la fase de flirt es

importante evaluar el nivel de atracción de la mujer en el momento de la conversación. Cuanto más alto es el nivel de atracción hacia el hombre, más la mujer lo ayudará y más facil será para el hombre obtener las informaciones de contacto de la mujer.

Mujeres con alto nivel de interés, alta confianza y con una personalidad directa buscaran directamente al hombre, ofreciendo su propio número para contactarla y/o preguntarle de salir juntos).

EL DÍA DESPUÉS

Yana se despierta temprano y llama a Essenia:
*"¡Essenia, otra vez gracias por ayer! Fue divertido.
Tenemos que hacer ese servicio fotográfico juntas.
Maksim nos espera en su estudio a las 11:00".*
Essenia: *"¡Eres la bienvenida! Claro que me
acuerdo. ¡Hasta pronto!".*
Maksim es uno de los fotográfos profesionales con
el cual Yana y Essenia a veces realizan servicios
fotográficos y creaciónes de los portafolios.
Después de la foto-sesión, se ponen de acuerdo con
él para los últimos detalles de creación del nuevo
portafolios y Maksim confirma que les informarás
cuando todo esté listo para la entrega.
Yana y Essenia van a comer algo y empiezan a
hablar del día anterior.
Yana: *"¡Essenia, fue divertido! ¿Tienes noticias
de Emilio?".*
Essenia: *"Todavía no. ¿Y tu tienes noticias de los
hombres que flirteaban contigo ayer? ¿Y de
Diego?".*
Yana: *"Cuando esta mañana he encendido el
móvil, he visto que algunos de ellos me dejaron un
mensaje cuando nos fuímos a la casa. Otros
intentaron llamar durante la mañana, antes de que
viniese a trabajar. Uno de ellos no hacia nada más
que hablar más y más en lugar de planear
directamente una cita. ¡Claramente no voy a salir
con ninguno de ellos, estan demasiado desesperados
y/o poco confiados! No tengo noticias de Diego..."*

Essenia: *"¡Comprendo! Tal vez Diego está muy ocupado con el trabajo?"*.

Yana: *"Puede ser. En cada caso, estoy pensando en él. Parece así distinto de los otros"*.

Essenia: *"Si y también su amigo Emilio. Quién sabe cuando nos contactarán."*

Mientras Essenia dice esto, el móvil de Yana empieza a sonar. Essenia: *" ¿Te está llamando Diego?"*.

Yana mira el móvil: *"No, es mi mejor amigo Fjodar. Espera un minuto"*.

Fjodar: *"¡Hola Yana!"*.

Yana: *"¡Hola Fjodar! ¿Qué tal estás?"*.

Fjodar: *"¡Muy bien gracias! ¿Te acuerdas del libro del cual me hablaste? Lo encontré. ¿Estás libre por la tarde?"*.

Yana: *"¡Excelente! Si"*.

Fjodar: *"Bien, ¿entonces nos vemos a las 17 en este bar en la Nevskji Prospekt?"* (Fjodar le envía una foto del sitio).

Yana:*"¡Conozco el sitio, vale! Hasta más tarde."*

Essenia le sonrie y dice: *"¿Tienes una cita romantica con él?"*.

Yana sonrie y contesta: *"Sabes bien que lo considero solamente un amigo. Pregunté a él un favor tiempo atrás y consiguió encontrar el libro que estaba buscando"*.

Essenia: *"¿De que trata el libro?"*.

Yana: *"Te lo enseñaré directamente en persona, parece interesante"*.

Essenia: *"¡Ok, ningun problema!"*

Yana y Essenia terminan de comer, después van de compras. Terminadas las compras, las dos se saludan y Yana va a ver a Fjodar.

Fjodar y Yana se saludan con un abrazo.

Fjodar: *"Es un placer verte Yana".*

Yana: *"¡Igualmente, Fjodar!".*

Ordenan café, Fjodar paga y se sientan en un area verde cercana. Hablan por algunos minutos sobre los acontecimientos recientes en sus respectivas vidas. Después Fjodar saca del bolsillo el libro y le dice: *"Yana, este es el libro que buscabas. Me llegó ayer por correo, así que te he llamado para dartelo personalmente. No es necesario que me pagues, es un regalo para ti".*

Yana contesta: *"¡Muchas gracias! Lo aprecio muchísimo."* y pone el libro en su bolso.

Fjodar empieza a usar un tono de voz muy serio y le dice: *"Yana, tengo que hablarte. Es muy importante".*

"¿De que tienes que hablarme?" contesta con curiosidad Yana.

"Yana... Quería decirte esto desde hace mucho tiempo... Te amo mucho... ¿Quieres ser mi novia?" dice Fjodar a Yana.

A esta pregunta le sigue un largo momento de silencio por parte de Yana, la cual está pensando en como Fjodar intentó comprar su amor por medio de un regalo y lo poco apropiada que había sido esa pregunta.

(Las mujeres normalmente necesitan 7+ semanas de encuentros románticos para enamorarse y

solamente en ese punto abrirán del todo su propio corazón al hombre y le preguntarán si quiere una relación exclusiva con ella).

"Fjodar, no estoy interesada. Lo siento."- contesta Yana.

Escuchando esto, Fjodar empieza a ponerse nervioso y a discutir con ella: *"¿Cómo? ¿Qué quieres decir?! ¡Te he comprado un regalo!"*.

Yana empieza a sentirse incomoda y le dice: *"Fjodar aprecio mucho tu regalo, pero no quiero una relación romántica contigo"*.

Fjodar: *"¿Porqué no quieres ser mi novia? ¿Después de todo lo que he hecho por ti? Te amo Yana"*.

Yana: *"Lo siento Fjodar, pero te considero solamente un amigo"*.

(Las mujeres generalmente están guiadas por las emociones. Yana ha utilizado un círculo de palabras para no herir a Fjodar, con la esperanza que el hubiese entendido el mensaje y la dejara en paz. Pero Fjodar empeoró la situación poniendose a pelear y discutir de manera lógica con ella. Regla número uno: nunca discutir con una mujer. Las mujeres quieren, en segundo plano: o estar abiertas a nivel emotivo o saber cual es su lugar si la misma se comportó de manera irrespectuosa hacia el hombre. En estas maneras, la mujer percibe la fuerza masculina del hombre y puede relajarse en la propia feminidad).

Después de haber escuchado esto, Fjodar le dice: *"Comprendo, entonces buenas tarde y te deseo todo lo mejor."*

Yana: *"Gracias, también a ti y todo lo mejor."*

Y Fjodar volvió a su casa con el corazón en pezados.

(La manera mejor para convertir un/a amigo/a en un/a partner romántico/a consiste antes de todo en averiguar si el/la amigo/a tiene atracción en primer lugar. La manera más rapida para averiguarlo es simplemente hacer entender al amigo/a de tu interés hacia el/ella y ver su reacción. Si no pasa nada, entonces no contactar más de tu primera intención a él/ella y permitas al amigo/a de hacer el 100% de esfuerzo en iniciar las conversación y recíproca exactamente el mismo nivel de esfuerzo que la otra persona demuestra. En este punto, si el/la amigo/a prueba interés hacia ti, entonces el/ella percibirá tu alejamento y te lo hará presente. En este caso, el/la amigo/a tiene por lo menos un nivel mínimo de interés romántico, así que puedes explicar la situación e invitar a él/ella a una cita – en este caso la interacción seguirá el normal flujo de la polaridad sexual. Si el/la amigo/a no dice nada por tu comportamiento más frío y alejado, entonces no tiene interés romántico por ti – en este caso no es aconsejable hablar de los motivos de tu alejamento y la vida continúa).

Mientras que Yana está volviendo a su casa, pasa cerca del restaurante en el cual tuvo la primera cita con Igor y muchos recuerdos le volvieron a la cabeza de esa tarde. Llegando a su casa, su gato Pallino se acerca para saludarla y ser acariciado. Pallino es un gato con el pelo blanco, algunas áreas grises y ojos verdes. Yana abre una lata de comida para gatos y se la ofrece, después prepara su cena.

LA LLAMADA

Han pasado algunos días desde el encuentro entre Yana y Fjodar. Yana y Essenia salen juntas. Yana está pensando en Diego, que todavía no le ha llamado o escrito. ¡Es veramente un hombre misterioso!

Yana: *"Sabes... Diego no me ha llamado todavía".*

Essenia:*"Comprendo. Tampoco Emilio no ha todavía llamado".*

Yana: *"Diego... Parece así diferente de los otros hombres. Me pregunto que estará haciendo en este momento".*

(Está cientificamente demostrado que las mujeres demuestran más atracción hacia los hombres con sentimientos poco claros. El misterio es el primero de los jinetes de la "*caza*", los 4 factores que incrementan el nivel de atracción de la mujer al punto que la misma "*caza*" al hombre).

Mientras Yana y Essenia están hablando, en otra parte de la ciudad Diego está trabajando. Diego es un empresario español que vive en Rusia desde hace algunos años. Su actividad funciona muy bien y en este momento está negociando un contrato con un cliente.

Diego: *"Excelente, ha sido un placer terminar este negocio. Deseo a usted un maravilloso día, hasta pronto".*

Después de haber terminado el negocio, Diego saca el móvil del bolsillo y compone un número para llamar.

Yana y Essenia están hablando y en ese momento el móvil de Yana empieza a sonar.

Essenia: *""¿Quién te está llamando?"*.

Yana, con una sonrisa - *"¡¡¡Diego!!! ¡Ahora voy a contestar!"*.

Yana: *"¡¡¡Hola!!!"*.

Diego: *"¡Hey, soy Diego! Como estás?"*.

Yana: *"¿Me preguntaba cuando me llamrías? ¿Muy bien gracias, y tu?"*.

(La mayoría de los hombres llaman una mujer de inmediato o el día después de tener su número. Esta conducta es poco productiva y también mostrar una actidud demasiado necesitada hacia la mujer. Si el hombre espera algunos días después de haber obtenido su número – idealmente 4/5 días, ese hombre se destacará inmediatamente de los otros a los ojos de la mujer. Suponiendo que la mujer experimente suficiente atracción desde el principio, gracias a su conducta misteriosa la mujer empezará a percibir una *"montaña rusa emocional"* - el segundo de los jinetes de la *"caza"*. Esto incrementa ulteriormente la atracción de la mujer al punto que normalmente será este hombre a obtener la cita con ella).

Diego: *"¡Muy bien, gracias! Me alegro mucho de hablar contigo. Me gustaría verte, ¿cuándo estás libre?"*.

Yana: *"En los próximos días tengo mucho trabajo, pero estaré libre en el fin de semana"*.

Diego: *"Excelente, ¿qué te parece si nos vemos entonces domingo en frente de la catedral de San Isacco a las 19:30?"*

Yana: *""¡Vale! ¿Dònde iremos?"*.

Diego: *"Esta es una sorpresa. Verás el domingo"*.

Yana contesta sonriendo: *"¡Interesante! Entonces nos vemos domingo"*.

Diego*: "Excelente, no veo la hora de verte. ¡Te deseo un día maravilloso!"*.

Yana mira Essenia - *"Sí, tengo una cita con Diego este domingo"*.

Essenia*: "¡Excelente!"*.

Yana*: ""¿Lo celebramos haciendo compras?"*

Essenia*: "Me parece una idea optima. ¡Buscaremos algo de maravilloso para la cita!"*.
(Cuando una mujer está entusiasmada por ir a una cita, normalmente hablará de la misma a su mejor amiga que la ayudará a prepararse. Cuanto más a una mujer le gusta un hombre, más divertida, facil y natural será la cita).

Mientras estaban hablando, suena el móvil de Essenia.

Essenia, mirando Yana, le dice: *"Es Emilio"*.

Essenia: *"Hola"*.

Emilio*: "Hola, soy Emilio. ¿Qué tal estás?"*.

Essenia: *"Bien gracias, y ¿tú?"*.

Emilio*: ""¡Muy bien! Me gustaría verte, ¿cuándo estás libre?"*.

Essenia: *"La próxima semana"*.

Emilio: *"Vale, ¿qué te parece de vernos a la salida metro 2 de Gostiny Dvor a las 20:00?"*.

Essenia*: "Quizás. Por seguridad, llámame para la confirmación el lunes durante la mañana"*.

(Cuando una mujer no demuestra entusiasmo en hablar con un hombre cuando han pasado 4-5 días después de haberle dado su número, ésta es una señal de bajo interés. En este caso la mujer puede poner barreras para fijar una cita, complicando así el procedimiento. En particular en este caso, la mujer utiliza dos pruebas. El *"quizás"* es la manera para decir: *"No... Pero si no encuentro nada mejor que hacer, entonces puede ser que salga contigo"*.

La otra es *"llamame para la confirmación"* y es similar a la primera prueba, excepto que en el segundo caso esta prueba está encaminada más para el entrever la fuerza masculina del hombre y observar su reacción).

Emilio: *"Tengo muchos compromisos, Essenia. No doy citas definidas si la otra persona me dice <<quizás>> o <<llamame para la confirmación>>. Si no puedes confirmarme para el lunes, ¿qué te parece de vernos otra vez?".*

Essenia: *"Ok, será por otra vez. Tengo que consultar mi agenda".*

Emilio: *"Vale, entonces escribeme cuando hayas consultado tu disponibilidad y te será posible fijar una cita".*

Essenia: *"Ok, te deseo una tarde maravillosa".*

Emilio: *"Gracias, también a ti".*

(Cuando un hombre llama a una mujer, la cual no acepta de fijar la cita a una hora y sitio definido y dice *"quizás"* o *"llamame para la confirmación"*, el hombre no tendría que aceptar de salir con ella. Estas son señales de baja atracción, las cuales indican una alta probabilidad de que la cita sea anulada por la mujer en el último momento. La otra persona tendría que sentirse entusiasmada de salir contigo: estas citas son más divertidas y naturales. Por lo tanto cuando una mujer contesta con un *"quizás"* o *"llamame para la confirmación"*, el hombre tendría que retirar la oferta de cita diciendo algo parecido: *"No doy citas sin concertar previamente hora y sitio, tengo muchos compromisos. Si no puedes confirmarme lugar y sitio para una cita, que te parece de vernos en otra ocasión?"* y observar su reacción. Si la mujer no crea más problemas para fijar la cita, entonces intentó simplemente testar la fuerza del hombre. En caso contrario, el hombre no tendría que aceptar de salir con ella).

LA PRIMERA CITA

Yana se despierta con Pallino que le lame la cara, parece que tiene hambre así que Yana le prepara la comida. Entretanto Yana empieza a pensar lo que va a pasar en la tarde...

Hoy es el día de la primera cita con Diego.

(Una cita es un encuentro romántico que permite la seducción. El hombre se focaliza en los detalles logísticos y en el flujo de la cita, permitiendo a la mujer de relajarse en su propio lado femenino y de hablar el 70-80% del tiempo, haciendole preguntas divertidas. La atención del hombre tiene que centrarse principalmente en 3 fases: fijar la cita, pasar tiempo divertido con la mujer y por fin seducirla cuando está lista – normalmente una mujer "*duerme*" con el hombre después de 2/3 citas. Por lo tanto es importante planear las citas con una mentalidad de tratar a la mujer como una amante, fijando preferiblemente citas por la tarde. Es mejor al inicio de los encuentros románticos evitar salidas al cine, almuerzos, citas de grupo e irse a lugares ruidosos y con poca luz hasta que la mujer no esté oficialmente enamorada del hombre.

En una cita romántica, quieres comunicar de manera eficaz y conocer mejor a la otra persona...

Las relaciones románticas se desarrollan como una consecuencia natural de una reiterada frecuencia romántica en el curso de muchas semanas. La mujer normalmente dirá estar enamorada del hombre y de querer la exclusividad con él desde la septima semana+ de reiterada frecuencia, presumiendo de que el hombre lo habia hecho todo correctamente).

Algunas horas después, Yana envía a Essenia una foto del vestido que quiere utilizar por la tarde - *"¿Qué te parece, Essenia?"*.

Essenia contesta al mensaje: *"Este vestido rojo es increíble Yana... Seguramente le gustará"*.

Yana: *"Sí, me pregunto que planes ha preparado para hoy. Diego es muy misterioso. Veremos lo que pasará"*. **(Las mujeres van a las citas con un actidud del tipo "Veremos lo que pasa").**

Essenia: *"Buena suerte! Hasta pronto!"*.

Es casi la hora de la cita: Yana se prepara y va al lugar y a la hora acordadas.. Diego la saluda y la halaga por el vestido: *"Es un placer verte! Eres encantadora Yana!"*.

(En la fase de encuentros, es mejor proceder con calma. Es oportuno no exagerar con los halagos en esta fase, por cuanto la mujer lo vería como cebo para el sexo en vez de una apreciación genuina. Esto es válido también para los regalos – normalmente es mejor evitar de dar regalos hasta cuando la mujer no esté enamorada y/o en una relación exclusiva).

Yana: *"¡También tu, gracias! ¿Que quieres hacer?"*.

Diego: *"He planeado todo ya. El lugar al cual iremos está aquí cerca. Vamonos"*.

(Cada persona tiene las energías masculinas y femeninas. En el hombre normalmente predomina la energía masculina y en las mujeres la femenina. La energía masculina está vinculada con la lógica, con el romper las barreras, con la meta en la vida. La energía femenina está vinculada con la emoción, la conexión y el tomarse cura de los otros. El flujo de la atracción es regulado por la ley de la polaridad sexual, por la cual

en la pareja es necesario la combinación de un partner que actue en manera masculina y el otro que actue en manera femenina. La situación normal en los encuentros románticoss es hombre masculino y mujer femenina. Cuando una mujer pregunta al hombre *"¿Que quieres hacer?"* está averiguando si el hombre actúa como el líder de la interacción. Si el hombre le pregunta lo que quiere hacer ella, la mujer otra vez le preguntará que quiere hacer. Esta es la manera de las mujeres de decir indirectamente: *""¡Despiértate! ¿Quieres tomar una decisión?! Eres tú el hombre y en cuanto tal tu deberías actuar de líder!!!"*. La mejor manera de comportarse con una mujer es actuar el 90% como actuaría James Bond (encantador y gentilhombre) y en el 10% del tiempo tomar la mujer por el pelo en manera juguetona, como si ella fuera la hermanita menor del hombre. El amor tendría que ser divertido y juguetón).

Diego y Yana llegan a un palacio cerca de la plaza: *"He reservado aquí. Es un lugar excelente, un restaurante italiano"*.

Yana: *"Me gusta mucho la cocina italiana. Idea optima!"* - mientras Diego le abre la puerta con cortesía.

Se sientan a la mesa, abren el menú y ordenan. Mientras están esperando, Diego le hace preguntas personales.

Diego: *"¿Qué te gusta hacer en el tiempo libre para divertirte?"*.

Yana: *"Me gusta cocinar, eschucar música, danzar. De vez en cuando leo algunos libros interesantes. Tengo un gato que se llama Pallino. Es muy bonito y dulce. Tiene una personalidad arisca y*

le gusta pasear fuera de casa.Te enseñaré una foto".
Yana le enseña una foto de Pallino.
Yana: *"¿Y tú?".*
Diego: *"Me gustan las artes marciales, la psicología y leer. También a mi me gustan los gatos. Te enseñaré una foto de mi gato Martin".*

Diego le muestra una foto de Martin: *"Ama jugar con Leo, el gato de mi vecino que normalmente hace visita a Martin cada día a la misma hora y después se van juntos a pasear".*

Diego entonces le hace ver una foto de los dos gatos juntos.
Yana: *"¡Qué guay! ¡Interesante!".*

(La persona que hace las preguntas es aquella que lidera la conversación. Las 3 reglas principales de una conversación son: 1) el argumento principal del cual una persona ama hablar más es de sí misma y de todo lo que le concierne e interesa; 2) Encontrar de los puntos en común y utilizarlos para construir relación; 3) antes de hacer una nueva pregunta para alcanzar un nuevo nivel en la conversación, añadir valor a la misma. El hombre tendría que permitir a la mujer de hablar el 70-80% del tiempo, haciendo preguntas divertidas y escuchándola con atención. La mujer va a testar al hombre para ver si la estaba escuchando – pasando el test si él se acuerda de lo que estaban hablando. Las mujeres son normalmente guiadas por las emociones, así que cada emoción que la mujer prueba en la cita serà conectada automaticamente a la presencia del hombre. Es por este motivo que es importante mantener el tema de la conversación divertida y positiva. Es buena etiqueta no hablar de ex pareja(s) – un verdadero gentilhombre mantiene la privacidad de sus encuentros románticos. Si decides de hablar de ex pareja(s), entonces acuérdate que la otra persona escuchará la conversación de manera neutral e imaginándose lo que sucedería si él/ella un día se convirtiese en tú ex – por lo tanto si quieres hablar de ex, hablas positivamente de este tema).

La camarera trae las bebidas: *"Aquí están la bebidas"* y se va de prisa a otra mesa.

Yana de repente pregunta a Diego: *"¿Qué te parece la chica que está allá?"*.

Diego sonríe y le contesta: *"De cual otra chica estás hablando?"*, mirando a los ojos a Yana.

Yana: *"La chica de ahí, en el otro lado del restaurante"*.

Pero los ojos de Diego están centrados sólo en Yana: *"No veo y no me importa nada la chica al otro lado del restaurante. Toda mi atención está focalizada sobre ti"*.

Yana sonríe mientras juega con su pelo usando sus dedos.

(Este era un test para averiguar dónde estaba focalizado el hombre. Durante una cita, un hombre no tendría nunca que mirar a las otras mujeres – de esta manera la mujer creería que el hombre quiere *"simplemente hacer sexo"*. El hombre tiene que focalizarse en la mujer y en el lenguaje de su cuerpo. Las señales de atracción de las mujeres se manifiestan con varios indicadores, por ejemplo: jugar con el pelo, señales físicas de sumisión, bajar la mirada cuando el hombre la mira a los ojos, pupilas dilatadas al mirar al hombre etc...)

Diego le permite de hablar la mayoría del tiempo, contestando de manera juguetona y haciéndose el misterioso cuando Yana le pregunta algo.

(Las mujeres aman descubrir más informaciones sobre el hombre y trabajar activamente para conocerle mejor y conquistarlo).

De repente Yana pregunta a Diego que tipo de té el prefiere: *"Me gusta más el tè verde. Es más saludable y dulce. ¿Y tú, Yana?"*.

Yana: *"Yo prefiero el tè negro. Lo considero mejor del tè verde"*.

Diego: *"Cada uno tiene sus propios gustos"*.

(Las mujeres cuando solicitan una opinión al hombre pueden intentar ver si pueden hacerle cambiar la misma. Si el hombre cambia su opinión para ponerse de acuerdo con ella, entonces significa que el hombre está buscando la aprobación de la mujer y demuestra que no se hace valer. En este caso, la mujer perderá el respeto y la atracción hacia el hombre y buscarà otro. La búsqueda de la aprobación es un trato femenino. Si el hombre se hace respetar como se reseña arriba, entonces pasará el test de la mujer. La mujer siempre testará al hombre cuando experimenta atracción, sea a nivel inconsciente y/o consciente, para averiguar si el hombre está plenamente centrado en su masculinidad).

Mientras Diego y Yana están hablando, en una mesa cercana también otra pareja está disfrutando de una cita. Observando con atención, es evidente que la mujer es una *"buscadora de oro"*. Empieza preguntando al hombre demasiadas informaciones materiales: cuánto es su salario, el tipo de coche que maneja etc...

Las personas *"buscadoras de oro"* no están sinceramente interesadas en la otra persona, se interesan solamente por dinero. Una persona que está verdaderamente interesada en ti no te juzgará en base materialista (casa, coche, dinero etc...) y te evaluará por lo que llevas en su vida a nivel emocional. Las personas *"buscadoras de oro"* pueden ser mujeres (caso más frecuente) u hombres. Estas personas no son adecuadas para un verdadero encuentro y una relación romántica.

(Si una persona empieza de inmediato a poner varias preguntas de tipo materialista y/o a solicitar que le compres regalos costosos, es una bandera roja acerca de la persona que se denomina como *"buscadora de oro"*. En este caso, el mejor acierto es de evitar de contestar a estas preguntas, utilizando chistes y un tono juguetón... Y si la persona *"buscadora de oro"* empieza a pedir regalos costosos, entonces puedes decirle: *"No compliques las cosas. No te voy a comprar este regalo costoso. Nos vemos, pasamos tiempo divertido juntos y veremos lo que pasa"*.

Si las banderas rojas continuán, entonces tendrías que considerar seriamente de escapar a la velocidad de Usain Bolt y no mirar atrás, preferiblemente antes de formar un vínculo emotivo con esta persona. Si formas un vínculo emotivo, será mucho más complicado alejarse de esa persona *"buscadora de oro"*. En conclusión – la decisión depende de tus intenciones. Las personas *"buscadoras de oro"* son personas superficiales, lo que significa que puedes considerarlas para *"amistades con beneficios"* y relaciones abiertas, a condición de encontrarte de acuerdo con la mentalidad de encuentros de ellos.

Pero no son indicadas para relaciones verdaderas, en cuanto el concepto de "*amor*" entre ellos es una máscara para obtener dinero y regalos del partner y no es un verdadero sentimiento de cariño hacia la otra persona. En el istante en el que surjan problemas (especialmente de naturaleza económica) en lugar de trabjar juntos para resolver la situación, la persona "*buscadora de ora*" desaparecerá y buscará un nuevo "*proveedor*" como si nada hubiera pasado entre ellos. ¡Acuérdate siempre que el mejor regalo que puedes dar a alguien es el regalo de tu presencia! Si tu objetivo en la larga temporada es de entrar en una auténtica relación romántica con el potencial partner, entonces es importante que evalúes con atención a la otra persona observando sus acciones. Cuando te des cuenta de las señales de "*búsqueda de oro*", entonces escapas de prisa a la velocidad de Usain Bolt y no mirar atrás).

Volviendo a hablar de Yana y Diego, es evidente que ella está sinceramente interesada en él.

No ha empezado adhacer preguntas materialistas desde el primer minuto y disfrutan mucho al pasar el tiempo juntos. Yana empieza a tocar la mano de Diego. En respuesta a esto, Diego replica el toque hasta que Yana lo mantiene. Después de que la retira esperando que Yana lo toque otra vez.

(Es apropiado tocar a la mujer cuando la misma envía claras señales en este sentido: por ejemplo cuando la mujer golpea inconsciamente al hombre o si ella misma empieza a tocar. En este punto, continúar el toque mientras ella lo mantenga y esperar la invitación siguiente para tocarla de nuevo. Este es un test disimulado para averiguar si el hombre la "*caza*" más que ella a él. Si el hombre está impaciente y la "caza" más que ella a él, la atracción de la mujer empezará gradualmente a bajar. Es siempre mejor que la mujer piense que su gana de "*cazar*" sea más alta que aquella del hombre, o su atracción hacia él gradualmente se bajará).

Terminado de comer, Diego dice: "*Ofrezco yo*" y llama a la camarera. Mirando Yana, es evidente que ella quería continúar con la conversación. Llegada la cuenta, Diego la paga y dá una propina a la camarera.

(Este es un buen test para averiguar si la mujer está entusiasmada de como se desarrolla la cita. Si cuando el hombre pide la cuenta es evidente que la mujer quiere todavía hablar, ésta es una excelente señal. Si está aburrida, entonces no está contenta con la cita.

Es buena norma en el hombre invitar en la primera cita y es importante tratar bien al personal. Si una persona se comporta de manera gentil contigo, pero se comporta de manera maleducada con el personal de los lugares de la cita y con los extraños – es una gran bandera roja.

El hombre no tendría que llevar nunca a una mujer a una primera cita extravagante y muy costosa – porque existe el riesgo que la mujer se vuelva pretensiosa y además ella no es todavía su mujer o o está enamorada de él. Después de la primera cita, sobre la cuestion "*invitar*" esto depende mucho de la cultura del país, pero es importante tener presente que en la larga temporada hay que hacer un esfuerzo recíproco).

Diego abre la puerta a Yana y salen del restaurante. Yana no podía más controlar su impulso. Agarra a Diego y lo besa apasionadamente.

(Una mujer con alto nivel de interés lo simplificará todo y en caso de personalidad directa besará al hombre por propia iniciativa. Normalmente es el hombre el que tendría que hacer el primer paso cuando ella está lista para el beso.

Una excelente manera para evaluar si la mujer está lista para el beso, es observarla con atención. Esto pasa cuando ella inicia el toque y se pone más cercana al hombre, y se puede intuir una de las siguientes situaciones:

1) Mirar a la mujer a los ojos, después a los labios y otra vez a los ojos en 7+ segundos. Si en este intervalo de tiempo la mujer mira al hombre a los labios – está lista para ser besada y el hombre tendría que besarla en ese momento.

2) La mujer mira al hombre a los labios – esto provoca en ella una reacción emotiva y mirarà hacia abajo (uso del canal emotivo), entonces empezará a mirar hacia otra dirección para evitar que el hombre lo note – y poco después retornará la *"triangulación"*. En este caso, el hombre puede decirle algo del tipo: *"Vale, está bien"*. La mujer preguntará que es lo que está bien y el hombre contestará: *"También yo quiero besarte. Trae esos maravillosos labios aquí y besame..."*

Existe también una otra excelente manera. Cuando una mujer pregunta al hombre *"Tienes novia?"* o similar, esto es una señal de alto nivel de interés. A estos tipos de preguntas el hombre puede contestarle de manera juguetona: *"Hay siempre espacio para una mujer más. ¿Porqué me lo preguntas? ¿Te estás posicionando como candidata? Hay un requisito."* y continúar *"Tienes que besar bien. ¿Eres una besadora excelente? Pruébalo"*. Si a la mujer le gusta el hombre y no es una mujer rigida con demasiadas reglas personales hacia los encuentros, entonces besará al hombre como respuesta a esta petición. Hablando de besos, es aconsejable besarla en la primera cita – idealmente cuando la mujer envía la señal de que le gustaría ser besada o al final de la tarde si la mujer no ha enviado todavía señales claras en este sentido. En cualquier caso, como norma es mejorpor lo menos besar dentro de las 3 primeras citas. Si el hombre espera demasiado para besarla y la mujer no es "rígida" entonces ella pensará o, que no le gusta, o que el hombre no tiene el coraje de besarla – en este caso la mujer o va a proponer al hombre de ser solamente amigos o desaparecerà).

Diego intenta besarla con más pasión, pero nota que Yana no esta todavía lista. Por lo tanto Diego sonrie y acompaña a Yana al metro más cercano y estar seguro de que ella vuelva con seguridad a su casa.

Diego: *"Ha sido divertido Yana. Gracias por la tarde maravillosa"*.

Yana: *"Igualmente Diego, ha sido una tarde increíble"*. Se besan otra vez y se dan las buenas noches.

(En el momento de la despedida, aunque haya sido una cita increíble – es mejor no hablar de la siguiente, excepto si se trata de un encuentro con factor de distancia en el que se tiene poco tiempo para verse y en este caso específico es mejor ponerse de acuerdo pronto. Pero en los casos normales es mejor no planear la cita siguiente cuando se haya acabado la actual, por cuanto esto mataría al misterio y por la misma razón es mejor no escribir inmediatamente a la mujer después de la cita para decirle cuan maravillosa fue la misma. Normalmente una mujer *"duerme"* con un hombre después de 2-3 citas. Para estimular la seducción, el hombre puede planear la cita de manera de que la misma sea en 2-3 lugares distintos. De esta manera, cada lugar de la cita a la mujer le parecerá como una cita diferente y encontrar un lugar en el cual sea posible besarla sin problema y evaluar si está lista para ir a un lugar privado o si ella no está lista todavía, siendo preciso probar en otra ocasión).

LA SEGUNDA CITA

Al día siguiente Essenia llama Yana para preguntarle como fue la cita.

Yana contesta: *"Fue una cita muy divertida. Diego es un verdadero gentilhombre".*

Essenia: *"Me alegro por ti!".*

Yana: *"¿Nos vemos esta tarde? Te voy a mostrar el libro que Fjodar me ha dado tiempo atrás. He empezado a leerlo y es muy interesante".*

Essenia: *"Con mucho gusto, así me cuentas con más detalles de la cita. ¿Cuándo y dónde nos vemos?"*

Yana: *"Mi casa, a las 19?".*

Essenia: *"Vale, hasta pronto".*

Poco después, Yana recibe muchos mensajes uno después del otro.

Yana: *"¿Quién me está escribendo tan energicamente?".*

Yana abre la pantalla del móvil y nota que estos mensajes han sido inviados por Fjodar.

Yana: *"¿Qué quiere ahora Fjodar? Veamos lo que me ha escrito..".* Lee los mensajes y nota que Fjodar escribe que la extraña y le pregunta si quiere ser su novia. Estos mensajes no gustan a Yana, especialmente después de haber explicado a Fjodar que le considera solamente un amigo.

(El implorar es una posición de negociación debil que denota falta de respeto por la otra persona. Y sin respeto, el amor romántico no puede existir entre dos personas. Además esta solicitud no es apropiada como he examinado antes. Es importante acordarse que *"La posición más fuerte*

en la negociación es aquella que puede siempre alejarse de la misma y no mirar atrás" como justamente dice Michael Yon).

Yana contesta: *"Fjodar... Hemos hablado ya de este asunto y he sido muy clara. No tengo que añadir nada más. Te deseo una buena tarde".*

Media hora después de este mensaje, Yana recibe una contestación: *"Soy un amigo de Fjodar. Él se ha emborrachado y lo he llevado a su casa. Buena tarde también a ti".*

Yana: *"Comprendo. Deseo que Fjodar se recupere pronto, pero esto no cambia lo que he dicho. Por favor, guarda este mensaje en su móvil para que pueda leerlo más tarde. Buenas noches".*

(Cuando una persona está borracha no puede pensar de manera lógica. La borrachera elimina cualquier tipo de inhibición autoimpuesta, nubla el juicio del individuo y puede llevar a la persona a tomar decisiones en manera impulsiva).

Algunas horas después, llega Essenia.

Yana la acoge, después le enseña los mensajes de Fjodar. Se rien por algunos minutos sobre lo que hizo, después Yana le enseña el libro.

Yana: *"He empezado a leerlo, es muy interesante".*

Essenia lee las primeras paginas: *"Tienes razón. ¿Dónde lo ha encontrado Fjodar? Quiero comprar una copia".*

Yana: *"Te daré ahora todos los detalles".*

Y después de haberlo hecho y leído algunas páginas del libro, Essenia pone el papel con los detalles para la compera online en su bolso.

Essenia y Yana empiezan a hablar de otras cosas

mientras Yana cocina pelmeni **(ndr: son un tipo de ravioles rusos con relleno de carne)** y cenan.

Después de cuatros días, Diego llama otra vez a Yana para fijar otra cita para la semana siguiente.

Yana no ve la hora de encontrarse con Diego y se ponen de acuerdo sobre los detalles, al final se desean un día maravilloso.

(Normalmente el hombre, al inicio un encuentro tiene que hacer un esfuerzo menor, contactando a la mujer una vez a la semana para planear una nueva cita. Cuando la atracción de la mujer está suficientemente alta, y eso pasa normalmente después de algunas citas, la misma empezará a escribir al hombre por iniciativa propria en menos de una semana y va a incrementar el ritmo de manera directamente proporcional al crecimiento de su atracción por él.

En este punto el hombre puede relajarse y esperar una llamada y/o mensaje. Cuando la mujer se pone en órbita de contacto, el hombre tendría que apreciar el mensaje/la llamada y planear una nueva cita, preguntándole cuando está libre. Si la mujer se queja del hecho de que el hombre no se pone en contacto por iniciativa propia, aunque la misma lo "*caze*", entonces el hombre puede empezar nuevamente a escribirle una vez a la semana, sorprendiéndola de manera diferente cada vez. Pero es importante notar que después de que la mujer haya empezado la "*caza*", el hombre no tendría que escribir por primero más del 20-30% del tiempo, en caso contrario la atracción de la mujer lentamente disminuirá. Vamos a examinar mejor este mecanismo más tarde).

Los días pasan y ya ha llegado la hora para la

segunda cita de Diego y Yana. Se encuentran en el lugar concordado – el "*Potsuelev most*" (el puente de los besos) y se saludan de manera cariñosa.

(El puente de los besos es uno de los lugares más románticos de la ciudad de San Petesburgo. Aquí es frecuente de que vengan las parejas y dejen candados con las propias iniciales como símbolo de su relación sentimental. Es posible ver desde aquí un panorama maravilloso del rio Moyka y de la universidad GUAP – el grande edificio amarillo en la calle Balshaja Marskaja, cerca del rio).

Para empezar, van a beber algo. Diego permite a Yana de hablar el 70-80% del tiempo – como ya hizo en la primera cita.

Yana: *"Me lo estoy pasando tan bién contigo".*
Diego: *"Yo también".*

(Normalmente las mujeres son más emocionales y por lo tanto correlacionan de manera inconsciente las emociones percibidas en presencia del hombre.
Una cita es una buena ocasión para divertirse y gozar juntos el tiempo, no para volverse en el terapeuta de la otra persona).

Después de haber bebido algo, a la salida del local empiezan a besarse con pasión y van a pasear. Yana empieza a tomar Diego por la mano – entrelazando sus propios dedos con los de Diego.

(Cuando una cita tiene lugar en sitios diferentes, cada lugar ofrece la impresión a la mujer de una cita agregada. Esto normalmente acelera el procedimiento de la seducción. Tomar la mano de la otra persona entrelazando los dedos es una señal de lenguaje del cuerpo, que indica una fuerte culminación sexual por la otra persona).

Los dos gozan del panorama romántico y empiezan a besarse con más pasión.

Diego, en un momento de pausa: *"¿Yana, qué te parece de beber juntos una botella de vino en mi casa?"*.

Yana: *"No me siento lista todavía"*.

Diego mantiene la calma y le dice: *"Vale, entonces seguimos con nuestro paseo"*.

(Besarse aumenta el deseo, que lleva al petting, a acariciarse y a efusiones más pasionales.
De esta manera, se puede llegar a pedir de ir a un lugar más privado, normalmente sugerida por el hombre. Si la mujer no está lista todavía y rechaza la invitación, entonces el hombre tendría que mantener la calma y esperar mínimo otra hora cuando la situación se vuelva nuevamente más pasional para probar otra vez. Si el hombre empieza a comportarse en manera irascible cuando la oferta viene rechazada, entonces con mucha probabilidad se quemará la ocasión de seducirla en cuanto con las mujeres es necesario tener una paciencia infinita. Normalmente al segundo intento después de una hora, cuando la situación se vuelva otra vez más pasional, la mujer se habrá excitado suficientemente y aceptará la invitación de apartarse con el hombre).

Continúan con el paseo y poco después se sientan en un parque, donde hablan un poco y vuelven a besarse en manera pasional y hacer petting. Después de transcurrida una hora desde la invitación de Diego y su retirada estratégica,Yana lo invita a su casa:"*¿Diego, te gustaría beber una taza de té en mi casa?"*.

Diego: *"Claro que si. Vamos"*.

(Cuando una mujer está lista y está excitada, la misma puede tomar la iniciativa e invitar al hombre de apartarse. Esto pasa especialmente si la mujer prueba

una fuerte atracción por él y tiene una personalid
directa).

Diego y Yana llegan a la casa.

Pallino se acerca para saludarla y después mira con
curiosidad al huésped.

Diego: "*¡Hola,Pallino!*".

Pallino quiere ser acariciado por Diego, quién lo
acaricia - "*Qué gato cariñoso!*" comenta Diego.

Yana: "*Normalmente es desconfiado con los
desconocidos. Que bien que habéis hecho amistad
así pronto. Haz como si estuvieras en tu casa*".

Diego: "*Gracias*".

Yana: "*Ahora prepararé té para los dos. Sientate,
después te enseñaré mi casa*".

Después de beber el té, Yana le enseña la casa. Se
sientan de manera confortable en la cama y
empiezan a hablar. Después de un rato, se besan con
pasión. Pasados algunos minutos, Yana empieza a
recular, así Diego para y se ponen otra vez a hablar.
Después de algunos minutos, se besan de nuevo y
Diego le masajea gentilmente el cuello mientras se
besan.

(Esta es la mentalidad de "*dos pasos adelante y
uno atrás*". El hombre lentamente hace progresar la
situación con una actidud del tipo "*tomar o dejar*",
no fijandose en el resultado del sexo y permitiendo a
la mujer de excitarse gradualmente y crear
anticipación. Cuando el hombre percibe que la
mujer recula, tendría que parar y esperar algunos
minutos para empezar otra vez el procedimiento de
seducción, rompiendo paso paso las barreras de la
mujer).

Diego y Yana continuán con el petting y esta vez un vestido vuela en el suelo.

Yana: *"Normalmente no hago esto ya en la segunda cita".*

Diego en manera juguetona dice: *"¿Está escrito en tu libro de las reglas? Es mejor que lo tires al suelo, porque conmigo no se aplica. Sé que me deseas, así que trae aquí esos maravillos labios y bésame con pasión".*

Yana sonríe y lo besa muy apasionadamente.

(Hay siempre que observar lo que hace la mujer y sus emociones en el instante presente: esta es la llave para comprender a las mujeres. En este caso, frases del tipo: *"Normalmente no hago esto tan velozmente "* etc.. son normalmente una defensa automática *"anti-buscona"*, en cuanto muchas mujeres inconsciamente tienen miedo de ser consideradas como unas busconas cuando hacen sexo con un nuevo hombre. Considerando la situación arriba mencionada, la mujer está claramente gozando el momento y poniendose más y más pasional con el hombre – en este caso las palabras de la mujer pueden ser traducidas como *"No tengo problemas de hacer sexo contigo, pero no quiero tener responsabilidad en esto..."*. La *"atribución"* del sexo tendría normalmente ser de parte del hombre).

Finalmente la excitación envuelve a la pareja y toda la ropa de Yana descansa en el suelo junto a la de Diego que se desnuda para tener sexo.

(Cuando una mujer está totalmente a sus anchas y abierta emocionalmente, el hombre rompe sus barreras con lo que la mujer estará totalmente lista para tener sexo con él.

No es una coincidencia que muchas mujeres dicen *"Simplemente pasó"* cuando hablan con las amigas de estas situaciones.

La energía masculina está correlacionada con la lógica, el objetivo, el liderazgo y la ruptura de las barreras. La energía femenina está correlacionada con las emociones, la conexión y la apertura para recibir el amor. El hombre penetra a la mujer de todas las maneras (mentalmente, físicamente, emocionalmente y espiritualmente) mientras que la mujer se abre a él de manera directamente proporcional a la atracción que experimenta por él y su propia receptividad.

Durante los preliminares, cuando el hombre hace sexo oral a la mujer - tendría que esperar un poco antes de penetrarla, esto la hará enloquecer por el placer. Cuando una mujer dice: *"Quiero que ahora vengas tú"*, normalmente tiene correlación a dos posibilidades principales.

En el primer caso es un test disimulado para comprobar la fuerza del hombre. En este caso, si él espera por lo menos algunos minutos antes de venir – la anticipación aumentará siempre más, al punto que la mujer puede venir más veces seguidas antes que el hombre venga a sus propias condiciones para ella. Este test tiene la finalidad de hacer que la mujer se sienta segura, sabiendo que el hombre puede poseerla totalmente como él quiere y que ella se siente segura y protegida por él.

El segundo caso es cuando el hombre se equivoca en algo y la mujer no está plenamente satisfecha de la prestación.

Cuando pasa esto, la mujer empezarà a comportarse de manera ausente durante el acto sexual, intentando dirigir al hombre en otra dirección o intentará de hacerlo venir cuanto más pronto posible. En este caso, es buena idea preguntar a la mujer como le gusta alcanzar la satisfacción sexual, porque cada mujer tiene su propios gustos sexuales y hay que proceder de acuerdo con la opinión recibida).

Después de una noche de pasión, los dos se despiertan con Pallino que quiere comer. Diego la abraza fuerte y Yana se siente en la gloria en sus brazos.

(Abrazar fuerte a la otra persona es un trato masculino, relajarse entre los brazos de la otra persona es un trato femenino).

Desayunan juntos, después Diego se pone su ropa porque tiene una cita de trabajo. Se saludan con un beso y se desean un día maravilloso.

LA "*CAZA*"

Al día siguiente Yana y Essenia se encuentran.
"Diego es increíble, ha sido una tarde maravillosa"
dice Yana a Essenia.
"¿Habéis hecho el amor?" le pregunta Essenia con
curiosidad y con una sonrisita en la cara.
"Sí, simplemente pasó... No solamente es un
verdadero gentilhombre, es también un excelente
amante." - le contesta Yana.
"¡Excelente, estoy muy feliz por ti!" le dice Essenia.
(Una mujer tiene 3 grandes conflictos en su mente.

El primero es el *"conflicto del tiempo"*: una mujer
puede decidir de invertir el tiempo para plasmar al
hombre elegido en su hombre ideal, o va a testar cuantos
más hombres posibles en la búsqueda del partner ideal.

El segundo es el *"conflicto del sexo"*: una mujer puede
ser más *"estricta"* y en este caso será necesario más
tiempo para seducirla, o no dar mucha importancia al
sexo y de reflejo el procedimiento de la seducción será
más rápido.

El tercero es el *"conflicto de las relaciones"*: una mujer
puede tener una vision más idealistica de las relaciones,
por ejemplo viéndose como una princesa del mundo
Disney etc... O concentrarse más en los lados pragmáticos
de las relaciones.

Las combinaciones de los 3 factores van a influir sobre
el comportamiento de la mujer y de reflejo en el flujo y en
los momentos de los encuentros románticos).

Yana piensa siempre más a la cita precedente con
Diego.

Tres días después de la cita, Yana escribe a Diego:

"El encuentro ha sido maravilloso, Diego. No veo la hora de estar nuevamente contigo".

Diego le contesta: *"¡Me alegro mucho de escucharte Yana! Sí, ha sido maravilloso y también a mi me gustaría verte. ¿Cuándo estás libre?".*

Los ojos de Yana se iluminan al ver el mensaje: *"La próxima semana tengo mucho tiempo libre".*

Diego contesta: *"Excelente, la próxima semana hay un festival cultural por la tarde. Te envío una foto con los detalles, entonces nos vemos frente a la entrada 10 minutos antes de que empieze..",* él envia la foto a Yana... *"¿Vale?".*

Yana: *"¡Perfecto!" Hasta pronto, ¡no veo la hora!"*

Diego: *"También yo. ¡Te deseo un día maravilloso!".*

Yana: *"¡Gracias, también a ti!".*

(Cuando la atracción de la mujer está suficientemente alta, ella empezará a contactarlo en menos de una semana. Esto se llama *"caza de la atención"* y es un trato femenino. Los cuatros jinetes de la caza son: 1) misterio; 2) montaña rusa emocional, 3) inversión y 4) anticipación.

El misterio hace si que la mujer se pregunte por el interés del hombre y está cientificamente probado que las mujeres normalmente demuestran más atracción por los hombres los cuyos sentimientos están poco claros. Cuánto más piensa la mujer y se hace pregunta por el hombre en su ausencia, más crece su atracción por él. Este lleva al segundo factor: la *"montaña rusa emocional".*

Las mujeres normalmente son más emocionales, por lo

tanto más fuerte es la sensación de la moñtana rusa
emocional y la mujer llega a depender más de la
misma. En la práctica la mujer quiere ser la
protagonista de su propia telenovela personal.

De reflejo esto lleva a la inversión. La mujer va a
invertir más tiempo y energía en el encuentro,
empezando a escribir en menos de una semana al
hombre: esto normalmente pasa después de algunas
citas. En otros casos más raros la mujer tendrá desde
el principio un nivel de atracción alta y en este caso la
mujer empezará a invitarlo a salir y a *"cazar"* la
atención del hombre – en estos casos, el encuentro
será cuanto más simple posible por el hombre.

El factor final es la anticipación. Cuanto más la
mujer se pregunta lo que va a pasar, más crecerá su
atracción y de reflejo *"cazará"* más y más al hombre.

Y así el ciclo se repite de manera continúa, como una
serpiente que se muerde la cola...).

Algunos minutos después. suena el móvil de Yana,
le está llamando su padre Vladimir.

Yana: *""¡Hola papà!"*.

Vladimir: *"¡Hola querida! ¿Qué tal estás?"*.

Yana: *"¡Muy bien, gracias! ¿Y tú?"*..

Vladimir: *"¡Todo muy bien, gracias! ¿Te
acuerdas de la ayuda que me pediste la semana
pasada? Aquí está todo listo, puedes pasar a retirar
el material cuando quieras"*.

Yana: *"¡Maravilloso! Gracias papà, me salvaste
la vida. ¿Puedo pasar ahora? Me servirá mañana
en el trabajo"*.

Vladimir: *"Sí, claro. ¡Hasta pronto!"*.

Yana: *"Hasta pronto!"*.

Mientras Yana está yendo a la casa de los padres,

observa a una niña que está llorando y que el padre
la tranquiliza, así que poco después la niña empieza
otra vez a sonreír.

(Las mujeres desde la primera infancia normalmente
hacen referencia a una figura masculina principal.
Cuando la mujer era una niña, la figura era el padre.
Cuando la mujer se vuelve adulta, la presencia
masculina principal será el hombre que la ama.

Cada persona tiene la energía masculina y la
femenina. La energía masculina está correlacionada
con la lógica, con el fin y con el romper las barreras.
La energía femenina está correlacionada con la
emoción, la conexión y la apertura para recibir amor.

Cada persona tendría que aprender a utilizar ambas
según la necesitad, pero en particular a dominar su
propia energía principal.

Podemos imaginar la energía masculina como la
montaña y la femenina como el viento.
Independientemente de lo que hace el viento, la
montaña permanece inmutable e imperturbable. Si el
viento está temporalmente ausente, la montaña no
empiezará a levantarse y buscar al viento: por lo tanto
la *"caza"* de la antención es un rasgo femenino.

Los hombres inteligentes saben esto y por lo tanto
hacen solamente un esfuerzo inicial de un contacto a la
semana para planear una cita hasta que la atracción
de la mujer esté bastante alta al punto de que la mujer
empieze a *"cazarlo"* activamente, contactando al
hombre en menos de una semana.

Cuando la mujer empieza a *"cazar"* al hombre, él
tendría que relajarse y esperar a escucharla, apreciar
el mensaje y planear la siguiente cita.

Cuanto mayor es la atracción que prueba y más
"cazará" al hombre y es interesante notar que si una

mujer "*caza*" la atención del hombre entonces no puede pararse.

Si la mujer está "*cazando*" la atención del hombre y se queja insistentemente que el hombre no le escribe más por iniciativa propria, entonces el hombre puede iniciar para contactarla una vez a la semana en manera impredecible.

El hombre es el líder y la montaña en los encuentros y en las relaciones, dejando que la mujer se relaje plenamente en su propia feminidad.

La polaridad sexual natural en los encuentros y en las relaciones está formada por un hombre masculino y por una mujer femenina.

En el 10% o menos de las parejas, podemos notar una inversión de los roles – en este caso la polaridad está formada por una mujer masculina y un hombre femenino – que es la tipología de pareja que tiene el suporte del feminismo y está apoyada en los medios televisivos, etc.... Pero esta no es la polaridad natural y tentar de forzarla sobre el restante 90% de las parejas que siguen la polaridad natural trae solamente miseria y la despolarización sexual – con la pérdida de la atracción y de la pasión en la larga temporada).

Yana llega a la casa de los padres, Vladimir y Liubov, y los saluda.

Habla un poco con ellos, retira el material y después los saluda para ir a verse con una conocida. Su nombre es Irina, que ha encontrado casualmente algunas semanas atrás después de años que no se veían. Así que Yana decidió de invitarla a beber algo. Mientras están hablando, el móvil de Irina empieza a sonar.

Irina: *"Perdóname Yana, tengo que contestar.*

Espera un minuto".

Irina contesta y Yana escucha una voz masculina gritarle: *"¡¡¡Desapareciste sin preaviso!!! ¡Te envié muchos mensajes dulces en los días precedentes, se que los has leído y tampoco me contestaste?!? ¿!¿Porqué?!? ¿Qué está pasando?!?".*

Irina: *"Disculpame Bob. No es culpa tuya, es culpa mia... Percibo la fuerte necesidad de escribir una nueva pagina de mi vida. No estoy más interesada en nuevos encuentros, por lo tanto te deseo todo lo mejor"* - e Irina cierra la llamada.

Irina explica a Yana que la había llamado Bob, explicando que mantienen encuentros desde hace algunas semanas, pero ultimamente Bob empezó a comportarse de manera exigente y estaba aburrida de la situación.

(Este hombre cayó en la trampa de la *"ilusión de la acción"*. No comprendió que una acción es simplemente un medio para obtener un fin, por lo tanto cuando se hace algo es importante considerar el cuadro total de la situación y el objetivo deseado. Si a este punto la acción fuese util para alcanzarlo, entonces halaga y en caso contrario no. Actuar por la *"gloria de actuar"* sin tener en mente el cuadro completo de la situación y el objetivo deseado es *"ilusión de la acción"*.

Un ejemplo es cuando una persona continúa regando una rosa más de lo necesario, esperando de esta manera de acelerar el crecimiento de la planta – en lugar de esperar que la planta crezca con su ritmo natural. No solamente la planta no crecerá más rapidamente, sino que también se obtendrá el efecto opuesto, es decir, producir la muerte de la planta por excesivo riego.

En este caso la ilusión de acción estaba motivada por la

"necesidad compulsiva de hacer algo para aumentar la atracción de la mujer". En realidad la naturaleza se ocupa ya de la atracción, por lo tanto no es necesario forzar el flujo de la misma. O hay la atracción reciproca o no. En el caso de que la atracción esté, entonces se necesitará tiempo para aumentarla: es un procedimiento gradual, como la trasformación paso paso de una oruga en una mariposa y si este procedimiento viene forzado, el animal se muere.

Del mismo modo si el procedimiento del aumento gradual de la atracción viene forzado en la esperanza de acelerar todo, la atracción lentamente va a disminuir. Cuando el hombre empieza a contactar a la mujer por más del 20-30% de las veces después de que la mujer empezó a "cazarlo", la atracción de la mujer va a disminuir y la mujer se alejará más y más del hombre.

Esto pasa porque la *"caza de la atención"* es un rasgo feminino. Cuando el hombre empieza a *"cazar la atención"* de la mujer, asume el rol de la mujer en la cita. Esto a su vez hace que la mujer empieza ad asumir el rol del hombre en el intento de mantener activa la polaridad sexual, pero las mujeres normalmente no desean asumir el rol masculino en el encuentro y esto desemboca en la despolarización de la pareja en el largo plazo.

Cuando el hombre empieza a *"cazar la atención"* de la mujer, cayendo en la ilusión de la acción, tiene todavía una posibilidad de resolver la situación: parar de contactar con la mujer y permitir que la mujer lo contacte de primera intención. Como dice un dicho popular: *"A veces la mejor manera para obtener la atención de otra persona es simplemente la de remover la propia".*

Por ejemplo en la música podemos notar como hay espacio entre las singulares notas: sin esos espacios no habría música y solamente ruido.

Dicho esto, si el hombre no dá un paso atrás –

haciendose desear hasta que la mujer empieze a contactarlo por iniciativa propia, la mujer va a perder todo el respeto y la atracción por él.

Una vez que la mujer llega a ese punto, es solamente una cuestión de tiempo antes de que la mujer lo deje, diciendo algo como: *"No es culpa tuya, es culpa mia"* (<u>*traducción*</u> = *"Es culpa tuya, pero no quiero herirte y por lo tanto te diré que es culpa mia"*), *"Necesito una temporada de pausa.","Ha llegado el momento de abrir una nueva página de mi vida"* y similares).

Mientras Yana piensa en la conversación entre Irina y Bob, se acuerda de Igor y de como la última conversación entre ellos se transformó en una discusión furiosa, que llevó a la ruptura de la relación.

(Nunca discutir con una mujer. Las mujeres normalmente son más emocionales, por lo tanto en una discusión una mujer acumulará siempre más carga emocional y la expulsará en manera explosiva a su alrededor, haciendo generalizaciones dictadas por el hastío. En lugar de esto la mujer quiere: 1) estar abierta a nivel emotivo o 2) volver a ponerse en su sitio si actúa en manera irrespetuosa hacia el hombre.

Ambos tests tienen la función de hacer sentir la fuerza masculina del hombre hacia la mujer, así que una vez que los tests han sido superados la mujer volverá a comportarse de manera femenina.

En el primer caso normalmente la mujer utiliza el silencio para esconder su propio sufrimiento. Es facilmente notable cuando la mujer dice *"Estoy bien"* y mirandola está claro que la mujer está mintiendo. La mujer está testando si el hombre la considera importante al punto de abrirla emotivamente, escuchando lo que está pasando la misma y las emociones que experimenta en esos momentos. Si el hombre la ignora, la mujer va a enfadarse. Por ejemplo, gritará al hombre de hacer algo como tirar la basura y cuando el hombre haga lo que le habia dicho, la mujer estará todavía furiosa. Por lo tanto ella no estaba enfadada por la basura, sino porque quiere vivir abierta emotivamente y se siente descuidada por el hombre. Por lo tanto continúará comportándose de manera siempre más enfadada porque percibe que el hombre no la quiere y se está comportando de manera débil. Esto forzará a la mujer a comportarse de manera más masculina para intentar de equilibrar la polaridad sexual entre ellos, pero a ella no le gusta actuar de manera masculina. La manera correcta para superar este test es muy simple.

Cuando la mujer dice *"Estoy bien"*, aunque sea es evidente que ella está mintiendo, el hombre tiene que concentrarse en hacerle notar de manera clara que ella no está bien y que quiere saber que le pasa.

A este punto con presencia masculina, tacto y sentido del humor tiene que persistir hasta que ella empieze a hablar del motivo por el cual se siente mal. A veces esto necesita un poco de tiempo, pero eventualmente la mujer bajará las defensas y empezará a hablar libremente. En este punto el hombre tiene que animarla a hablar hasta que le diga todo lo que le pasa – haciéndole saber que la está escuchando repetiendo algunas partes de lo que ha dicho y correlacionando esto a su estado emocional. En este punto el hombre puede hacer un resumen de lo sucedido, correlacionando el todo a los sentimientos de la mujer y si fuese necesario pedir perdon, diciendo algo como: *"Haciendo eso te sentiste así y diciendo eso te sentiste de otra manera... Tendría que haber hecho esto de otra*

manera para que te sintieses apreciada... Discúlpame".
Después de haber escuchado esto, la mujer empiezará
a sentirse mucho mejor y dirá algo del tipo:
*"¡Gracias por haber hablado conmigo!", "Me siento
mucho mejor ahora", "He actuado simplemente muy
emotivamente" etc..* y estará otra vez abierta
emotivamente y plenamente en su propia feminidad..

En el segundo caso, cuando la mujer se comporta de
manera irrespetuosa, ella quiere simplemente estar
posicionada en su lugar para percibir la fuerza
masculina del hombre. Si el hombre no se hace valer,
entonces la mujer se preguntará si él es bastante fuerte
para protegerla en caso de peligro.

Este test tiene un profundo origen evolutivo, en
cuanto los hombres normalmente son más fuertes que
las mujeres, quienes estan muy vulnerables en el
momento del embarazo.

El amor se basa en el respeto y una mujer puede
estar totalmente enamorada del hombre solamente si
la misma sabe que el hombre es valiente y que si ella
continúa comportándose de manera irrespetuosa,
entonces el hombre la dejará sin mirar atrás.

El objetivo principal en la vida del hombre tendría
siempre que ser la prioridad máxima. Esto es el
motivo por el cual cuando un soldado va a la guerra,
también si la mujer le implora de no ir, en
profundidad ella lo respectará más si va a la guerra.
Esto en cuanto el objetivo principal del soldado es de
combatir para proteger lo que considera importante.

Concentrándose en su propio objetivo, el hombre se
alinea con su propia energía masculina, expresando
una aura de masculinidad.

Ser un alfa del proprio sexo significa dominar y estar
a sus anchas en su energía predominante.

Normalmente en el hombre la energía predominante es la masculina y en la mujer es la femenina).

Irina y Yana empiezan a hablar de temas interesantes y divertidos. Y después de un rato Yana tiene que volver a su casa para dar de comer a Pallino, así que se saludan. Yana piensa siempre más en Diego y le escribe a menudo.... Así que empiezan a verse más frecuentemente.

(Cuanto más grande es la atracción de la mujer, más empezará a contactar al hombre por iniciativa propia una vez que ha empezado a "*cazarlo*". En 7+ semanas, si el hombre ha hecho todo de manera exacta, entonces la mujer empezará ad entrar en la "*fase del amor*" (en la cual la mujer típicamente escribe por lo menos una vez al día al hombre).

Una mujer actúa así porque quiere sentirse apreciada y cuando está enamorada, ella quiere la atención exclusiva y continua del hombre).

UNA SEMANA DE SILENCIO

Han pasado 7 semanas de encuentros. Diego
piensa en Yana a menudo. Diego y Emilio se ven
para un aperitivo después de un encuentro de trabajo
y empiezan a hablar de Yana y Essenia.

Diego: *"Yana es encantadora. Salimos a menudo
y ha empezado ad escribirme practicamente una vez
al día. Pero desde hace unos días ha dejado de
escribirme".*

Emilio: *"Es probable que solamente sea un test
para ver como reaccionas cuando ella no te
escribe".*

Diego: *"Sí, también yo pienso que este es el
motivo. Las mujeres aman ir de farol y testar a los
hombres, cuando las mismas prueban atracción por
ellos. ¿Cómo procedes con Essenia? ¿La viste?".*

Emilio: *"Tiempo atrás la llamé para fijar una cita
pero Essenia no parecía entusiasmada con la idea.
Su actidud fue del tipo <<puede ser, veremos>>.
Por lo tanto he retirado la oferta de la cita,
diciéndole de escribirme cuando hubiese mirado en
la agenda y desde entonces no tengo noticias de
ella".*

Diego: *"¡Comprendo.. Tanto peor para ella!".*

Emilio: *"¡Tienes razón, bien dicho!".*

**(La mayoría de los hombres no comprenden a las
mujeres. El error principal de esos hombres es la de
proyectar la lógica y la propia atracción hacia las
mujeres, dando demasiada importancia a las palabras
de las mismas. Las mujeres son totalmente racionales,
cuando comprendes que la base de la racionalidad de**

la mujer es más emocional que lógica. Por lo tanto para comprender a las mujeres, la llave es ver las acciones de ellas, las señales que envian a los hombres y el estado emotivo de las mismas en el momento presente - después actuar en consecuencia.

Generalmente en un grupo de 100 hombres, el número de hombres alfas se puede contar en los dedos de una mano. Por lo tanto la mejor opción para un hombre en el campo de las frecuentaciones y de las relaciones románticas es la de dominar totalmente la propia masculinidad y comprender como funciona exactamente la atracción. De esta manera el hombre tendrá las mejores posibilidades posibles con las mujeres que experimentan atracción por él.

Es facil notar el nivel de atracción de una mujer observando las señales y como se comporta hacia el hombre: su lenguaje corporal, formular preguntas personales y especialmente preguntar si él tiene ya pareja (este es una señal de alto nivel de interés) etc...

Cuando eres un hombre alfa no tienes adversarios en cuanto *"la rareza crea valor"* y las mujeres prefieren por naturaleza conseguir y alcanzar la atención del hombre más dominante a sus respectivos ojos. Además los hombres incompetentes harán más tarde o más temprano errores innecesarios que van a arruinar la atracción de la mujer. Por lo tanto cada hombre alfa desarrolla una *"mentalidad de abundancia"* , estando siempre un paso por delante, sabiendo en cada momento lo que tiene que hacer y lo que esquivar.

Las citas románticas son un juego numerico. A algunas personas le gustaras y a otras no. A veces también haciendo todo de manera exacta, un hombre alfa puede ser rechazado y en este caso él va a ver el rechazo de la mujer como una pérdida de la mujer y no por sí mismo).

Pasan algunos días en los cuales Yana no escribe y no llama, pero Diego se ha dado cuenta del test y permanece a su vez silencioso.

(Como dice un refrán popular: *"A veces la manera mejor para atraer la atención de una otra persona es la de remover la propia"*).

Después de 7 días de silencio, Yana le escribe un mensaje: *" Eres mi número uno en un millón"*.

Diego aprecia mucho el mensaje y le contesta: *"Recíprocamente, Yana"* y planea de manera entusiasta una nueva cita.

Diego captó el test de Yana y así lo ha superado.

(Cuando una mujer está próxima al momento de decir al hombre *"Te amo"*, gradualmente va a ponerse más cariñosa. La *"fase del amor"* empieza normalmente desde la 7+ semana de encuentros, pero antes de llegar plenamente al *"Te amo"* la mayoría de las mujeres hacen un test para averiguar si el hombre sabe que *"Tienes que amar a una persona de manera tal que la persona amada se sienta libre"*. Este test consiste en el desaparecer por una semana, también si todo está bien. Ninguna llamada, mensaje, email, sms – nada de nada. Una mujer hace este test para averiguar como reacciona el hombre.

Si el hombre empieza a contactarla, comportándose de manera irascible y argumentativa, entonces él falla el test y la mujer empezará paso paso a alejarse. La mayoría de los hombres incompetentes cuando se ven sumetidos a este test empiezan a contactar a la mujer de manera colérica y necesitada, volviendo a llamar y a escribirle a menudo - en lugar de hacer lo que tendrían que hacer (retroceder y respetar el espacio de la mujer).

Si el hombre continúa comportándose de forma en manera colérica y argumentativa, no respetando el espacio de la mujer, es solamente una cuestión de tiempo antes de que la mujer vaya a dejarlo diciéndole algo del tipo *"No es colpa tuya, es colpa mia"*, *"Necesito una pausa"*, *"Tengo la necesidad de escribir una nueva página de mi vida"* o similares. Si el hombre espera una semana, o la mujer toma la iniciativa para escribir antes, entonces puede preguntar con calma a la mujer como está. En este caso el hombre ha pasado el test de la *"semana de silencio"* y la mujer volverá a comportarse de manera más cariñosa.)

LA EXCLUSIVIDAD

Diego y Yana están para encontrarse en una nueva cita. Yana se presenta con un vestido y un corte de pelo encantador.

Diego: ""*¡Eres encantadora Yana! Ese vestido te sienta muy bien*".

Yana: *"Quiero aparecer todavía más guapa para ti"*.

Diego: *"¡Gracias, lo aprecio mucho! Vámonos"*.

Diego entonces la lleva a un sitio interesante.

(Cuando una mujer se siente plenamente relajada en su propia feminidad siguiendo el liderazgo del hombre, tomará más conciencia de su aspecto. Llevará normalmente el pelo más largo y según su propio estilo y gusto, se maquillará y se coloreará las uñas.

Hace esto por sí misma y también para impresionar al hombre, en cuanto él ha conseguido la apertura emocional de ella. Todo lo que hace una mujer es para hacerse notar y para sentirse apreciada. Cuando una mujer está enomarada, requiere la atención del hombre toda por sí misma. Este es el motivo por el cual la mujer llama o envia mensajes al hombre durante el día: lo hace para hacerle notar que él es importante por ella y que está pensando en él. Una buena regla para el hombre es de apreciar la llamada y/o el mensaje de la mujer, diciéndole que aprecia mucho su comportamiento y que la va a ver más tarde. Entonces cuando vea a la mujer, dará plenamente la propia presencia y atención a ella como premio. Cuando la pareja se despolariza, será evidente de que la mujer no toma más cura de su propio aspecto, normalmente llevando el pelo más cortos y

tomando la posición de liderazgo en la pareja, caminando delante del hombre con cara enfurruñada. Está furiosa y desilusionada por la debilidad del hombre que ha elegido y es posible ver como él se puede sentir miserable por la situación. Muchas veces estas parejas se visten de manera igual y mirando con atención, es posible notar la frialdad entre ellos. Si la despolarización continúa, en este punto es solamente una cuestión de tiempo antes de la ruptura de la relación o la pareja se queda junta *"solamente para los hijos"* pero toda la pasión entre ellos habrá desaparecido. El quedarse juntos *"solamente para los hijos"* representa un ejemplo nocivo para ellos, por cuanto en la infancia, los hijos concluiran a nivel inconsciente el concepto de las relaciones sentimentales con las relaciones que ven entre los padres. Una vez que los hijos sean mayores de edad, normalmente pasará que inconscientemente optaran por una pareja de forma de poder replicar el comportamiento visto en la relación entre sus padres. Este ciclo continuará hasta finalicen este este mecanismo inconsciente, haciendo un esfuerzo para romper el círculo vicioso).

Yana de repente pregunta a Diego: *"¿En qué dirección se sustentan nuestros encuentros?"*.

Diego dice en manera juguetona: *"¿Qué pretendes decir?"*.

Yana: *"Te amo y te quiero todo para mi!"*.

Diego: *"¡También yo te amo! ¿Entonces estás sugeriendo que quieres estar en una relación exclusiva conmigo?"*.

Yana: *"¡Si! Eres increíble. Quiero que tú seas mi novio"*.

Diego: *"¡Perfecto, me gusta mucho la idea!"*.

Y entonces Diego la besa con pasión.

(Cuando la mujer está lista, será ella misma la que haga notar o mencionar directamente querer estar en una relación exclusiva con el hombre.

Esto normalmente pasa en la septima semana de encuentros o después, si él hizo todo correctamente. Es siempre mejor que sea la mujer la que haga notar o mencionar directamente de querer una relación exclusiva con él, en cuanto las mujeres se enamoran lentamente. Cuando todas las señales del *"Te amo"* están presentes y la mujer esté lista, ella va a decir algo de este tipo: *"¿En qué dirección se sustenta esta frequentación?"*, *"Te quiero todo para mi!"*, *"¿Cuándo iremos a vivir juntos?"*, *"¿Cuándo vamos a casarnos?"* etc... Cuando la mujer pregunta algo parecido, el hombre puede preguntarle de forma juguetona:*"¿Qué quieres decir con esto?"* y la mujer confirmará que quiere tener una relación exclusiva con él.

Por lo que concierne decir las palabras mágicas *"Te amo"*: es mejor permitir que sea la mujer a decir esto primero y en este punto el hombre puede corresponder lo mismo si la ama.

El hombre no tendría que mencionar en primera intención de querer estar en una relación exclusiva. Si el hombre hace esto y simplemente pregunta de primera iniciativa a la mujer de querer estar en una relación exclusiva con ella, entonces él está forzando el flujo de los encuentros. En su interior la mujer va a percibir este intento de forzar el encuentro y que el hombre esta yendo con demasiada prisa. También en el caso de que ella acepte la oferta, la mujer puede facilmente volverse desconfiada por cuanto la idea de la exclusividad no fue propuesta por ella.

Cuando la mujer pregunta al hombre por la

exclusividad, esta oferta puede ser aceptada y en tal caso es importante acordarse de que entras en una relación para compartir con la otra persona la propia plenitud personal, para dar y querer que la otra persona crezca en una mejor versión de si misma. Alternativamente, el hombre puede querer mantener las citas como una frecuentación casual. En este caso puede rechazar la exclusividad, diciendo algo parecido a esto: *"Tendrías que mantener tus opciones abiertas y si encuentras alguien con el que deseas mantener una relación exclusiva, utiliza esa ocasión. Mientras tanto gozamos de la compañia recíproca y veremos lo que pasa").*

Mientras la cita continúa, una mujer que pasa cerca de ellos viene acechada por un hombre incompetente. El hombre primero usa una línea de acercamiento inapropiado y le pregunta si tiene pareja. La mujer observa al hombre de manera fría y desinteresada, diciendo al hombre de irse inmediatamente.

(Un error común que he notado consiste en el preguntar a la mujer *"Tienes pareja?"* o similar. Este es un error muy grave, porque en primer lugar hace percibir a la mujer la impresión de que el hombre quiere encerrarla en una relación exclusiva desde el principio, sin que el hombre la conozca bien. Además, como expliqué antes, solamente las mujeres tendrían que hacer notar de manera clara o mencionar directamente querer la exclusividad, cuando las mismas están listas.

En segundo lugar, la misma pregunta no es necesaria.

Cuando el hombre observa una mujer que considera

deseable y quiere conocer su disponibilidad, simplemente tiene que mirarla a los ojos y sonreírle. Entonces tiene que analizar su reacción.

Si la mujer está interesada, disponible y abierta a flirtear con el hombre, enviará señales de atracción como sonreír, bajar la mirada cuando el hombre la mira, lenguaje del cuerpo sometido, jugar con el pelo cuando el hombre la mira.

Solamente la mujer sabe exactamente su propia situación sentimental. Podría no estar viéndose con nadie por momento, haber empezado a verse con algunos hombres pero no estar en una relación exclusiva con ninguno, o haber decidido de dejar la pareja y por lo tanto buscar un sustituto. Algunas mujeres buscan un sustituto antes de dejar a la pareja. Este es el motivo por el cual a veces cuando ves un matrimonio acabarse, después de una semana la mujer ya está con otro hombre, dejando a la mayoría de los hombres confudidos. En realidad la mujer estaba claramente ya viéndose con el *"nuevo"* hombre durante la relación con la ex pareja y solamente al acabar de la relación es cuando decide verse libremente con el *"nuevo"* hombre.

Un hombre alfa sabe que cuando la mujer esté lista para una relación exclusiva con él y él se ha vuelto en la moñtana emocional de la mujer, la misma va a despedirse de todos los admiradores para entrar en una relación exclusiva cuando ella le pregunte la exclusividad y el hombre la acepte.

Si la mujer está felizmente empeñada en una relación exclusiva, no estará disponible emotivamente y/o no está interesada, entonces no enviará señales de atracción y va a tratar al hombre como si él no existiera. En este caso la mujer no es interesada en él, por lo tanto el hombre tendría que evitar de abordarla y de perder su tiempo a flirtear con ella.

Es impresionante cuantas informaciones una mujer envía todo el tiempo y a veces no es tampoco consciente de esto. Observando con atención lo que hace una mujer, su lenguaje corporal y como se comporta hacia el hombre – se pueden apreciar muchas cosas sobre ella y su comportamiento).

Volviendo a hablar de Diego y Yana, se están divirtiendo mucho juntos. después de haber visitado un sitio interesante y romántico, se van a casa de Diego donde pasan una noche muy pasional.

Al día siguiente, Yana llama a Essenia: *"¡¡¡Essenia, tengo una noticia importante!!!"*.

Essenia: *"¿De que se trata?"*.

Yana: *"Diego es mi novio!!!"*.

Essenia: *"¡¡¡Bién, me alegro mucho por ti!!!"*.

Yana: *"Diego es encantador. Voy a contarte mejor en persona. ¿Estás libre por la tarde?"*.

Essenia: *"¡Sí, con mucho gusto!"*.

Yana: *"¡Entonces ven a mi casa a las 16:30 y te contaré todo!"*.

Las dos se ven y Yana cuenta a Essenia todo lo ocurrido y todos los detalles. Essenia está muy feliz por Yana.

LA DISCIPLINA DEL AMOR

Pasaron algunos meses desde la tarde en la cual Yana preguntó a Diego de ser su novio y empezaron una relación exclusiva. La misma está procediendo muy bien. Diego continúa cortejándola, sabiendo bien que *"El cortejo nunca se acaba"* mantiene una buena comunicación con ella, poniéndola en su posición y abriéndola emocionalmente cuando necesario.

(Cuando la mayoría de los hombres entran en una relación exclusiva, cometen dos errores principales.

El primero consiste en el dormirse sobre los laureles, pensando de manera equivocada que estando en una relación exclusiva entonces no es necesario más cortejar a la mujer.

Es siempre importante evaluar el grado de atracción de la mujer, leer sus señales y observar sus acciones, para continuar cortejándola de forma imprevisible.

Para las citas y las cenas fuera es importante no ir siempre el mismo dia de la semana, a los mismos sitios y con la misma rutina cada vez: esto mataría cada misterio y la anticipación.

Una óptima idea es situar en casa dedicatorias de aprecio para a la mujer en algunos sitios donde pueda encontrarlas como sorpresa, pero con plazos y lugares distintos: de esta manera será siempre una sorpresa inesperada para la mujer.

Otra maravillosa idea es de llevarle de vez en cuando flores como regalo, pero evitando de hacer esto después de una conversación encendida o para excusarse. En estos casos las flores no serían percibidas por parte de la mujer como una señal de

aprecio. La esencia del asunto es provocar que la mujer continúe preguntándose: *"¿Cuál será su próxima jugada?"* etc....

Para hacer el cortejo más efectivo, tendrías que asegurarte de encontrar que *"idioma del amor"* utiliza la otra persona y en ese punto actuar en consecuencia para que la otra persona pueda percibir de la mejor manera posible tu amor por ella.

Existe un excelente libro sobre este tema que se llama *"Los cincos idiomas del amor"* de Gary Chapman, quién ha analizado con mucha atención este tema. La esencia del asunto es que existen 5 idiomas del amor gracias a los cuales la persona percibe el amor y cada persona tiene una afinidad más fuerte con uno de los 5:

- *"Palabras de afirmación"* (<u>percibir el amor mediante la incitación, la escucha y la apreciación</u>): Hacer cumplidos, dedicatorias y mensajes inesperados de aprecio a la persona amada. Evitar de criticarla de manera no constructiva y de tener una actitud poco apreciativa de los esfuerzos de la persona amada.

- *"Contacto físico"* (<u>percibir el amor mediante el contacto físico</u>): en este caso es importante concentrarse mucho en el contacto físico con la persona amada – besos, abrazos, caricias, cogerse de la mano a menudo y hacer de la intimidad una prioridad. Evitar largos períodos de tiempo sin contacto físico e intimidad. No comportarse en manera fría hacia la persona amada.

- *"Recibir regalos"* (<u>percibir el amor analizando el ver como el/la partner te trata como una prioridad y lo demuestra con resolución</u>): hacer regalos y gestos atentos, poniendo una gran énfasis en los pequeños detalles en cuanto estos sean de gran importancia para el/la propio/a partner y mostrar siempre gratitud en el momento del recibir los regalos de su parte. Evitar de olvidarse de las ocasiones especiales. Demostrar entusiasmo recibiendo regalos de su parte.

- *"Tiempo de calidad"* (percibir el amor mediante la presencia y la atención focalizada): en este caso es importante concentrarse en crear momentos especiales juntos, pasejar juntos y reservar pequeñas atenciones para la pareja. Oportunidades como fines de semana románticos son un excelente bonus. Evitar falta de atención cuando se pasa tiempo juntos con la pareja y largos períodos de tiempo sin verse. Además es mejor evitar de comportarse de manera poco afectiva cuando estás con tu pareja.

- *"Actos de servicios"* (percibir el amor mediante el trabajo de equipo en la relación): en este caso la pareja considera la relación como un equipo de dos personas que trabajan juntos: hacer tareas juntos, preparar y llevar el desayuno a la cama, intentar de reducir el esfuerzo de la pareja durante el día. Evitar de considerar con la consideración prioritaria las solicitudes de otras personas y de no hacer las tareas consensuadas verbalmente, independientemente de la importancia de la mismas.

Si el hombre no corteja más a la mujer, entonces con el transcurso del tiempo ella se enfadará más y más con él.

En un primer período ella podrá tolerar la situación, pero más tarde o más temprano empezará a quejarse. En este punto, ella enviará al hombre señales peligrosas para la supervivencia de la relación.

Si estas señales vienen ignorados, entonces es solamente una cuestión de tiempo antes que otro hombre empiece a cortejarla y la mujer decida de romper la relación.

En resumen el cortejo nunca se acaba, por lo tanto ambos los partners tendrían que empeñarse, con el hombre que guía el flujo del cortejo y la mujer abierta y disponible a seguir el liderazgo del hombre en el cortejo.

El segundo error grave que muchos hombres cometen cuando entran en una relacion exclusiva es no comunicar correctamente con la mujer. Como he dicho antes, un hombre no tendría nunca que discutir de forma lógica con una mujer en cuanto las mujeres normalmente son más emocionales y por lo tanto las discusiones causan simplemente en la mujer una reacción explosiva con un crecimiento continúo que tiene que ser descargado alrededor.

En realidad la mujer quiere estar abierta emocionalmente cuando se siente herida o ser puesta en su sitio cuando se comporta de manera irrespectuosa.

Este es un punto muy importante de evidenciar. Las mujeres normalmente resuelven los problemas mediante el repartode los mismos y hablando de ellos, siendo las mujeres guíadas por las emociones. De esta manera mediante este medio la mujer descarga el estrés emocional a su alrededor.

Los hombres prefieren normalmente aislarse para reflexionar sobre la situación y encontrar soluciones prácticas por su cuenta, siendo el hombre normalmente más lógico y concentrado en su objetivo en la vida para romper las barreras. Por lo tanto cuando una mujer ve que el hombre está afrontando un período dificil, tendría simplemente que decir al hombre que si la necesita está allí para él y preguntarle si necesita tiempo para si mismo.

El hombre apreciará mucho esto y después de haber analizado la situación y encontrado la solución, agradecido, continuará felizmente su relación.

Hablando de la comunicación, es siempre mejor pensar en lo que estás para decir a la pareja, teniendo en consideración el idioma del amor que él/ella utiliza. Si tú y tu pareja tenéis idiomas predominantes y diferentes del amor, entonces es necesario hacer uno esfuerzo mutuo para ver la situación con los ojos de la otra persona y si es posible encontrar compromisos.

A veces pueden ocurrir malentendidos entre los partners en cuanto una de las dos personas percibe el amor de una certa manera y la otra persona de manera diferente.

En una relación, tienes que abrir totalmente tu corazón a la persona amada y apreciar su presencia. Si eres el hombre, sea su roca y su montaña: no importa lo que pase y cuanto ella te pueda testar, tu tienes que ser el líder y nada puede perturbarte. Si eres la mujer, tienes que ser juguetona y relajada en tu feminidad por él. Esta es la polaridad sexual natural: hombre masculino y mujer femenina. El contrario - hombre feminino y mujer masculina - también puede funcionar y formar polaridad sexual, pero es un caso raro y una excepción en la regla. En los encuentros homosexuales y lesbianos, la persona más masculina será *"el hombre"* y la más feminina será la *"mujer"* de la pareja).

Una noche Yana pone a prueba a Diego. Le cuenta de haber tenido un sueño erótico relativamente con una persona que trabaja con ella. Diego no se enoja y le dice: *"¿Porqué no vienes aquì y me lo muestras?"*.

Yana sonríe y pasan una noche de pasión.

(En esta ocasión la mujer puesto a prueba al hombre para ver si se pusiera celoso cuando ella habla de otro hombre. Diego superó el test, estando calmado y centrado en su propia masculinidad: la mujer probó de ponerlo celoso pero el intento se quebró y la mujer volvió a comportarse de manera femenina. Así el hombre volviò a ser el protagonista del sueño erótico de su mujer. Los celos no son amor. Los celos son un sentimiento tóxico y negativo, debido a un sentimiento de inferioridad y de posesión. Consecuentemente la persona celosa trata a su pareja como si fuera un objeto de su propiedad y no una persona. Las personas tienen que ser amadas y los objetos para ser utilizados: las personas no son objetos de tu propiedad (desafortunadamente en este tipo de sociedad normalmente pasa lo contrario).

Cuando entras en una relación, la finalidad es de dar y compartir, queriendo que la persona amada crezca en una versión mejor de sí misma. Las auténticas relaciones románticas se basan en la participación de la propia plenitud individual y felicidad con la persona amada, teniendo confianza en la pareja y respetando su libertad individual. El amor es libertad y la libertad es la condición natural de cada organismo, por lo tanto *"Tienes que amar de manera tal que la persona amada se sienta libre".*

Por lo tanto en una auténtica relación romántica no hay espacio para los celos, la falta de confianza y la falta de respeto por la persona amada.

Las relaciones que se basan sobre tratos negativos cual la posesividad, falta de respeto y falta de confianza son relaciones tóxicas. En esta tipología de relaciones tóxicas, las dos personas se vuelven completamente dependientes la una de la otra,

*exactamente como un parasito con su huesped: por lo
tanto los partners tóxicos se focalizan exclusivamente en
lo que pueden obtener de la "persona amada".*

Brevemente las relaciones tóxicas no son auténticas relaciones románticas y se pueden considerar transacciones.

A veces puede ocurrir que una persona quiera ignorar las banderas rojas de una persona tóxica y decida de entrar en una relación con ella. Esto frecuentemente pasa cuando una persona ignora las banderas rojas de una persona que sufre de desordenes de personalidad cluster-B (narcisismo, psicopatía, histrionísmo).

Las personas que sufren de cluster B aman tener como partner una persona que no se haga valer. El narcisista se focaliza totalmente en la amplificación de su propio ego por medio de la adulación de las otras personas, pero en realidad sufre de baja autostima y se percibe como inadecuado. En este sentido, es interesante notar como las mujeres narcisistas aman hacerse muchos selfies y los suben a la web en los perfiles sociales: en realidad ellas buscan los "me gusta" y los comentarios positivos a las fotos como forma extra de adulación. Los psicopáticos y los histriónicos tienen tendencias similares, pero con un objetivo diferente en mente. Los psicopáticos son muy impulsivos y se focalizan en obtener el control, la destrucción y el poder a cualquiera precio.

Los histriónicos quieren ser el centro de la atención del mundo. Para los histriónicos la adulación es la finalidad, no *"un medio para conseguir un resultado"* como en el caso de la persona narcisista.

En cada uno de los tres casos, podemos notar el mismo comportamiento en las relaciones personales:

"elevación", *"devaluación"* y *"exclusión"*.

En la primera fase de *"elevación"*, la persona afectada por el cluster B, comienza rápidamente a tratar la otra persona como si fuera el rey o la reína del mundo. Las personas que sufren de baja autostima normalmente caen más facilmente en esta trampa.

Cuando la víctima comienza a sentir sentimientos por la persona que sufre de desorden cluster B, esta última entrará en la fase de *"devaluación"*. En este caso la persona afectata por cluster B enculpará la otra por cualquiera cosa que pase. Es un mecanismo de proyección para guardar su imagen perfecta y manipular la otra persona. Si la víctima no se hace valer contra las faltas de respeto y los ataques personales, entonces es solamente cuestión de tiempo antes de que la persona con el desorden cluster B pase a la fase de *"exclusión"*... La persona con el desorden cluster B desaparece y obstaculiza cada intento de comunicación, dejando muchas veces a la víctima confudida de lo que pasó.

Cuando notas en la potencial pareja señales de desordenes cluster B, te aconsejo de escapar de prisa a la velocidad de Usain Bolt y no mirar atrás, idealmente antes de haber empezado a probar sentimientos por la persona con un desorden cluster B. Estas últimas no son personas indicadas para auténticas relaciones, en cuanto ellas se quieren solamente a si mismas).

A veces Yana pregunta a Diego cuando compra un nuevo vestido si la hace parecer gorda. Cuando pasa esto, a Diego le gusta contestarle: *"Querida, te digo lo que me parecería verdaderamente sexy. Que tú te entrenas desnuda conmigo en las artes marciales. Sería muy sexy"* con Yana sonriente.

A veces Diego la provoca cuando va a entrenar:
"¿Porqué no vienes a entrenarte conmigo desnuda
en las artes marciales? Te he dicho que sería muy
sexy" con ella que contesta sonriendo. **(Cuando una**
mujer hace preguntas del tipo *"Este vestido me hace*
parecer gorda?" **y similares, estas son preguntas**
engañosas. La mejor respuesta en estos casos no es un
"*sí***" o "***no***", más bien una respuesta juguetona y**
acompañada con un cumplido, como en el ejemplo
arriba mencionado).

Diego dice a Yana que tendrá que concentrarse en
unas largas series de negociaciones. Él tendría que
estar en otra ciudad por una semana. Le promete de
pasar más tiempo con ella después de haber cerrado
las negociaciones.

Yana comprende la situación y le desea buena
suerte. Tres días después Yana sale con sus amigas y
se enborracha. Cuando llega a su casa, su móvil
suena y nota que ha recibido un mensaje
inesperado....

UN MENSAJE INESPERADO

….Yana abre el mensaje y se queda sorprendida: *"Hola Yana, hace mucho tiempo que no hablamos. Me disculpo por haberme comportado así de mal contigo. Me gustaría verte nuevamente e intentar una reconciliación. Si estás interesada en la oferta, hazme saber tu disponibilidad para fijar una cita... Cuidate, Igor"*.

Desde cuando se dejaron, no comunicaron más. Un fuerte flujo de emociones y de malos recuerdos empieza a desencadenarse en Yana: los momentos maravillos juntos (citas, noches de pasión ecc...), pero también las fuertes discusiones, los problemas de comunicación y la manera en la que se dejaron.

(Por cuanto concierne a la reconciliación romántica con una ex pareja, este deseo normalmente se desencadena cuando uno de los dos ha dejado al otro/a.

En estos casos, a veces, pasa que una de las dos personas pregunta a la otra de *"quedarse solamente amigos"*. **A menudo esta oferta viene propuesta por la mujer porque quiere reducir el daño emocional de la ruptura de la relación. Pero si aceptas para** *"quedar solamente amigos"* **con una ex pareja, entonces la atracción de la misma disminuirá paso paso.**

Si quieres una reconciliación romántica con una ex pareja, tienes que aplicar el principio fundamental de las negociaciones de Michael Yon: *" La posición más fuerte en la negociación es siempre capaz de irse sin mirar atrás"*. **Así que si quieres reconciliarte con una ex pareja, no tendrías nunca que aceptar de** *"quedar solamente amigos"* **con él/ella.**

Podemos, por lo tanto, destacar dos situaciones principales.

1) **SI DEJASTE EL/LA EX:** La persona que deja a la otra se encuentra en una posición inicial de ventaja. Esto permite a la persona que ha dejado a la otra de disculparse por el dolor provocado y de ofrecer a la persona dejada una cita. Si la persona dejada está disponible para verse romanticamente contigo, en este caso entonces focalizate en fijar la cita, disfrutar con la otra persona y seducirla. Si la cita avanza bien, en este punto la situación se vuelve un cortejo normal. Si la persona dejada dice no, entonces decirle de contactarte en el caso de que cambie idea en un futuro y en ese punto irse y no mirar atrás.

2) **SI ERES LA PERSONA DEJADA:** La persona dejada empieza desde una posición desventajosa. Después de haber dicho a la persona que te ha dejado que estás interesado/a en ella solamente romanticamente y no de manera platónica, pero no acepta esta oferta, entonces le tienes que decir de contactarte si cambia de idea en un futuro y entonces irte y no mirar atrás. A partir de ese momento, permite que sea la persona que te ha dejado la que te contacte por propia iniciativa el 100% de las veces (este es un caso diferente comparado con el cortejo regular y tiene que ser aplicado solamente si la otra persona te ha dejado y/o el cortejo casual se acabó en contra de tu voluntad). En el caso que la persona que te ha dejado se haga presente directamente en una conversación, no te comportes de manera nostálgica y vete al grano. Manifiéstale que te da mucho gusto escucharla, que te gustaría verla y cuando está disponible para cenar en tu casa. Habiendo cerrado ella el encuentro, la misma tendría que hacer un

esfuerzo extra para una reconciliación.

Si en dos intentos el/la ex tiene dudas de citarse o te dice claramente que no, entonces no preguntes más de veros. Si continúa escribiéndote, entonces aprecia el mensaje pero ten una actitud más fria y cierra la conversación rapidamente, diciendo que fue un placer escucharla pero tienes que irte porque tienes asuntos, aceptando una cita con ella solamente si es la persona que te ha dejado/a para ofrecer de veros.

Es importante constatar como en las dos situaciones, el hombre tendría que fijarse en los detalles logísticos de la cita, divirtiéndose con la mujer y seduciéndola cuando la mujer esté lista. La mujer tendría que focalizarse más en la conexión y solamente ella tendría que proponer la exclusividad cuando esté lista. Como he dicho antes, una mujer normalmente necesita como mínimo 2 meses de encuentros (si el hombre hubiese hecho todo correctamente) para que la misma esté lista para proponerle la exclusividad.

Si la ruptura de la relación es una decisión recíproca y las dos personas son excelentes comunicadores y maduros, entonces pueden optar por ser amigos después de un período de pausa para meditar y reordenar las ideas y las emociones. Podrían también decidir de reconciliarse en un momento posterior. En este caso el cortejo sigue el flujo estandard de la atracción. En resumen la vida continúa y las personas o crecen juntas o crecen por su lado).

Yana está todavía embriagada en ese momento y el recuerdo de las noches pasionales con Igor se vuelve tan fuerte que le escribe para verse por la tarde....

La oferta viene aceptada por Igor.

(La embriaguez puede influir en el comportamiento de una persona de manera tal que ella podría tomar decisiones de las que puede arrepentirse en seguida).

Mientras Igor va a casa de Yana, una pareja pasa cerca de él. Están discutiendo de forma feroz y pude oír a la mujer gritar: *"¡¡¡Tú nunca me escuchas!!!"*. El hombre dice escucharla, no reconociendo el verdadero sentido de lo que quiere decirle la mujer y esto provoca un fortalecimiento de la discusión.

(Todo lo que dice y hace una mujer se basa sobre sus emociones en el momento presente. Cuando una mujer hace generalizaciones con rencor del tipo *"Nunca me escuchas!!!"*, lo que quiere decir al hombre es que en aquel momento percibe de no ser escuchada por él. En este caso el hombre tendría simplemente que actuar de forma que pueda abrirla emocionalmente como ya he explicado en el libro, hasta que la misma no exprese estar mucho mejor y/o agradeciéndole de haber hablado con ella. A las mujeres no les importa si has sido el partner ideal por muchos años. Si el hombre provoca un lío no tiene ningún crédito por lo que hizo bien hasta ese momento, como muchos hombres erróneamente piensan... En estos casos, el hombre tiene que resolver inmediatamente el lío.

Una mujer sabe que cuando un hombre la ama, entonces lo demonstrará con hechos.

Hay 4 factores principales que causan la ruptura de una relación sentimental – Gottman los llamó *"los 4 jinetes de la apocalipsis"* y es muy importante reconocerlos cuanto más temprano posible en tu relación y pasar a la acción antes de que sea demasiado tarde para salvar tu relación.

"Los 4 jinetes de la apocalipsis" son:
1) <u>Crítica destructivas</u>: *ataques verbales sobre la personalidad o carácter de la pareja.*
2) <u>Desprecio</u>: *El desprecio constituye una falta de respeto que incluye insultos, muecas, empleo de la ironía o el sarcasmo, y que se utiliza con fines ofensivos y para infravalorar a la otra persona.*
3) <u>Desconfianza</u>: *verse como la víctima para desviar hacia la pareja un ataque recibido e intentar la inversión de la culpa en la misma.*
4) <u>Obstruccionismo y defensa:</u> *La actitud evasiva en una situación conflictiva supone dar muestras de indiferencia hacia la otra persona que está planteando las quejas o críticas. Hacer como que no se escucha, mirar hacia otro lado, involucrarse en otra actividad o hacer como que el otro no existe, son actitudes dañinas para la pareja y pueden "encender" aún más el comportamiento del que está planteando la queja.*
   La mejor manera para contrastarlos consiste respectivamente en:
1) <u>Contra la crítica destructiva:</u> *Hacerse valer, hablar de los propios sentimientos y sensaciones, exprimiendo con afirmaciónes las propias exigencias a la pareja.*
2) <u>Contra el desprecio</u>: *Asumirse las propias responsabilidades, pero solamente por la propia parte en el conflicto.*
3) <u>Contra la desconfianza</u>: *Construir una atmósfera de apreciación y respeto en la relación.*
4) <u>Contra el obstruccionismo:</u> *Ser cuanto más empático posible con la propia pareja. Hacer notar que si la pareja no se siente lista para hablar de inmediato para resolver la situación, hay que preguntarle si es posible hacer algo para ayudarlo/a a abrirse y comunicar contigo. Es mejor dejar a la otra persona un*

poco de espacio (idealmente como mínimo 20 minutos)
para que pueda calmarse lo suficiente para poder
hablar de manera constructiva de la situación y de las
sensaciones que experimenta.

El obstruccionismo es el más peligroso de los cuatros
factores y es la situación más complicada de resolver,
en cuanto que sin comunicación no puede existir una
relación auténtica. Una vez que la relación llega a la
fase del obstruccionismo y no hay un esfuerzo mutuo
para resolver la situación entonces es solamente una
cuestión de tiempo antes de que la relación se rompa
del todo. Por lo tanto es muy importante prevenir en
primer lugar el obstruccionismo, actuando de manera
constructiva desde las primeras señales menores como
la crítica destructiva).

Igor ha llegado a la casa de Yana, la cual lo espera
fuera de la puerta para saludarlo. Igor aprovecha y
la besa de inmediato y Yana le corresponde. Pero
Yana no se ha dado cuenta de que otra persona
estaba llegando en el mismo instante... Diego había
acabado las negociaciones antes de lo previsto, así
que quería hacerle una visita a sorpresa y llevarle un
ramo de flores. Viendo que Yana besa a Igor con
pasión y lo invita a casa, Diego tira los flores al
suelo y sin dejarse ver por los dos se va. Hay una
fuerte tensión sexual entre Yana e Igor. También si
en un primer momento ella percibe un fuerte
conflicto emotivo, se deja ir del todo y pasan una
noche apasionada.

LA IMPORTANCIA DE LA CONFIANZA

La mañana siguiente Yana se despierta y nota que está desnuda en la cama con Igor. Comprende de inmediato lo que pasó la noche anterior.

También Igor se despierta y le susurra en una oreja: *"¡Hey! Ha sido increíble Yana... La mejor noche apasionada que hemos tenido...".*

Al oír esto, Yana comienza a recordar lo que pasó y de cómo había sido una experiencia excitante, así que Yana se siente confundida y no sabe que contestarle en aquel momento.

El móvil de Yana suena en seguida....

La cara de Yana se pone blanca como un fantasma a ver el mensaje recibido. El emisor es Diego y el mensaje dice: *"¡¡¡Tenemos que hablar!!!".*

A leer esto, Yana se agita y dice a Igor: *"Ayer estaba borracha, Igor. Si, fue la mejor noche apasionada que hemos tenido nunca y eso te lo agradezco pero... Ahora tienes que irte de aquí".*

Igor: *"Ok, comprendo. Ahora me voy, pero acuérdate que lo que pasó ayer noche ha sido consensuado. Gracias otra vez por la maravillosa nocha apasionada y te deseo un día excelente...".*

Igor se vistió y se fue, mientras Yana piensa en lo que tiene que hacer.

(El sexo no es suficiente para hacer funcionar una relación a largo plazo. Si en la pareja existen problemas de comunicación, los valores no están alineados y no hay interés ni pasión en

común, entonces con el paso del tiempo la pareja se despolarizará paso paso y al final se quebrarà. Algunas mujeres buscan un sustituto cuando transcurre el proceso de despolarización antes de romper con la actual pareja por la que experimentan una baja atracción.

Este tipo de mujer normalmente comienza a hablar con tono coqueto de otros hombres cuando no están satisfechas. Esta es la manera de las mismas de decir al hombre: *"¡Despierta! Este es tu sustituto si no te esfuerzas para resolver la situación, porqué no estoy satisfecha de como está transcurriendo la relación".*

En una relación no se tiene sexo todo el tiempo con la pareja, por lo tanto los valores tienen que estar alineados y deben existir intereses en común para compartir: de esta forma la conversación entre los dos nunca se volverá monótona.

También la compatibilidad sexual es importante, por lo tanto es mejor documentarse leyendo libros que ayuden a mejorar las propias habilidades sexuales y efectuar experimentos en este sentido con la pareja. En particular te aconsejo la lectura de libros que tratan del Tantra Yoga. El Tantra es una rama del Yoga que estudia la utilización del sexo como forma de meditación avanzada y ha desarrollado en el transcurso de milenios varias técnicas sexuales muy poderosas... Con el Tantra puedes experimentar el sexo a su máximo potencial).

Después de haberse tranquilizado, Yana lo llama:

*"Hola querido, acabo de ver ahora tu mensaje.
¿Cómo estás? ¿Qué pasa?"*.

Diego: *"He completado esa larga negociación, de
la que te había hablado, con éxito positivo.
¿Cuándo te puedo hablar personalmente? Prefiero
hablarte de una situación en persona, tan pronto
como te sea posible"*.

Yana eloquece al escuchar a Diego con un tono de
voz muy frío, considerando que probablemente *"la
situación"* mencionada por Diego se trata de lo que
pasó ayer, pero intenta calmarse.

Yana: *"Vale, ¿qué dices si hablamos de eso hoy
por la tarde?"*.

Diego: *"Vale, entonces en mi casa a las 18?"*.

Yana: *"Ok, nos vemos después"*.

Yana llega a casa de Diego a la hora acordada e
intenta de besar a Diego, pero él la rechaza y la mira
de manera muy fría.

Yana: *"Querido, ¿qué te pasa?"*.

Diego: *"He acabado antes de lo planeado la
larga negociación de la que te hablé. Así que pensé
de hacerte una visita sorpresa y llevarte un ramo de
rosas. Pero..."*

La cara de Yana se pone completamente blanca
mientras Diego continúa: *"...Imagina mi desilusión
cuando he visto que estabas besando a otro hombre
en frente de tu casa e invitarlo de prisa a pasar
dentro...."*

Yana: *"Diego por favor... Amor... No saques
conclusiones. Te puedo explicar... La situación no es
como parece...."*

Diego: *"¿Y entonces como sería la situación? Te escucho...".*

Yana: *"Ayer estaba un poco borracha e.... Igor es mi ex partner y simplemente pasó.... Esta mañana cuando me he despertado he analizado lo ocurrido y he concluido haber cometido un gran error.... Así que lo he echado de mi casa rápidamente... No puedo cambiar lo que pasó ayer. Pero te puedo asegurar que te amo con todo mi corazón".* Dicho esto, Yana intenta otra vez de besarlo en los labios... Pero Diego la rechaza otra vez. Diego la aleja de manera delicada y le dice: *"Yana, no está clara la esencia del asunto. También si estabas borracha, tomaste una decisión deliberada y consensuada ayer.. Y como agravante, todo esto con un ex partner.... Te he visto besarlo con pasión Yana. Escucha... Te amo también, pero aquí el asunto no es sobre el amor...".*

Yana enloquece del todo, al ver que la voz de Diego se pone cada vez más fría, mientras él continúa: *"La esencia del asunto aquí es la confianza. Estoy muy decepcionado por tu comportamiento y no tengo más confianza en ti. Tienes que demostrarme con acciones que puedo confiar otra vez en ti".*

Yana: *"Por favor Diego... Créeme.. Entre nosotros la relación puede todavía funcionar.... Estoy mortificada por lo que pasó... Si necesitas tiempo para meditar sobre esto, lo comprendo y te daré el tiempo que consideres necesario. Podemos hablar nuevamente de esto cuando estés*

*más calmado y hayas meditado sobre la
situación...".*

Diego: *"Yana... Necesito un poco de tiempo
para meditar, te contactaré cuando haya decidido lo
que tengo que hacer. Ahora, por favor, déjame
solo... Hasta pronto".*

Yana comprende la situación y respetando el
deseo de Diego, lo saluda y se marcha.

**(Acuérdate siempre que la confianza se basa en una
serie de experiencias compartidas.... Cuando el
comportamiento es congruente se desarrolla la
confianza en la relación, al contrario cuando las
promesas vienen rotas o las personas engañadas la
confianza desaparece. La confianza emplea mucho
tiempo para formarse, pero puede perderse en un
instante).**

Y cuando Yana llega de vuelta a su casa, llama a
Essenia, quién rapidamente va a verla y Yana le
explica lo que pasó.

Essenia: *"Sabes que para mi es como si fueras
una hermana, ¿verdad Yana?".*

Yana: *"Si, lo sé y la cosa es mutua".*

Essenia:*"Comprendo que estabas borracha, por
lo tanto no eras del todo consciente cuando
cometiste ese error. Pero traicionaste a Diego, por
lo tanto él tiene razón en dudar de tu lealtad, y para
agravar la situación lo has traicionado con un ex
novio... Eso puede ser un momento de pasión o a
nivel subconsciente puede ser que tú todavía
experimentas algo por Igor. En cualquier caso, tu ya
explicaste la situación... Así que ahora tienes que
respetar su espacio y esperar su decisión.*

No meterle presión, él necesita tiempo para meditar y si le metes presión sería una acción perjudicial para ti, en cuanto él percibiría que no te importa de lo que experimenta en este momento. Recuerda que, independientemente de la decisión que Diego adopte, estoy aquí para ti y desde ahora te aconsejo de comportarte de manera más cauta con el alcohol".

Yana: *"Muchas gracias por la conversación Essenia, respetaré su espacio. Dicho esto, me siento un poco nerviosa y asustada a causa de su comportamiento tan frío...".*

Essenia: *"Veremos simplemente lo que pasa...".*

Yana: *"...Si, veremos... Espero que me dará la oportunidad de continuar a estar con él". .*

(O estás en una relación exclusiva o no. Si estás en una relación exclusiva entonces acuérdate que traicionar a la pareja es un hecho muy grave, en cuanto en la base de cada relación auténtica existe el respeto y la confianza. Si la confianza viene a faltar, entonces no hay razón para continuar. La esencia del asunto es que cuando traicionas, la decisión final está subordinada a la voluntad de los partners por cuanto *"Para bailar el tango son necesarias 2 personas").*

EL EPILOGO

Yana mira al teléfono muchas veces durante el día, esperando recibir pronto una llamada o un mensaje de Diego. Pasa una semana, pero todavía nada... Yana se preocupa, pensando de que la relación con él está para acabarse.

Después de 10 días, Diego le llama.

Yana: *""¡Hola Diego!"*.

Diego: *"He pensado mucho sobre lo que pasó y he decidido lo que tengo que hacer. Prefiero hablarte en persona. ¿Qué dices de vernos mañana por la tarde?"*.

Yana tiene un mal presentimiento, pero intenta mantener la calma: *"Si, vale"*.

Diego: *"Vale, entonces a las 7 en mi casa?"*.

Yana: *"Vale, hasta mañana"*.

Diego: *"Nos vemos mañana"*.

Yana llama Essenia, la cual intenta de animarla y le dice de esperar para ver lo que puede pasar el día siguiente.

La tarde siguiente Diego la espera fuera de su casa a las 7 con las llaves en la mano. Yana llega y Diego la invita a entrar. Cuando Diego está cerrando la puerta, de repente se escucha un ruido... Y dos criminales con la cabeza cubierta con pasamontañas aparecen y atacan a los dos. Diego derriba a uno de los dos y está a punto de noquear también al otro. De repente un tercer criminal, armado de pistola, dispara para cubrir las espaldas a los otros dos criminales. Diego es alcanzado por la bala y cae al suelo incosciente.

Yana grita *"¡¡¡Diegoooo noooo!!! Por favor
alguien nos ayude!!! ¡¡¡Policía!!! ¡¡¡Socorro!!!"*.

Uno de los ladrones la inmobiliza en el suelo, la
amordaza y la ata con cuerdas. Entonces entran en la
casa para robar.

Un policía que estaba en una calle cercana, había
escuchado los disparos y los gritos de Yana e
interviene de inmediato.

Los ladrones, viendo llegar al policía, escapan
rápidamente sin haber podido robar muchas cosas.

El policía observa en el suelo por una parte a
Diego sangrante e incosciente y por la otra a Yana,
inmobilizada y amorzada.

La casa estaba desbaratada. El policía comprueba
que Diego está todavía vivo, incosciente y que
necesita urgentemente asistencia médica. Así que
llama de inmediato el número de emergencia para
que envien pronto una ambulancia y después libera a
Yana.

Yana pregunta*: "¿Cómo está Diego? Está
todavía vivo???"*.

El policía contesta: *"Está todavía vivo, pero
incosciente. Hay que llevarlo de inmediato al
hospital. No se preocupe, ya he llamado a la
ambulancia y legará dentro de algunos minutos.
Mientras tanto haré lo posible para tamponar la
herida esperando a los socorristas. Por favor deme
de inmediato esas cuerdas y vendajes"*.

Yana: *"¡Claro, aquí están. Por favor, ayude a
Diego!"*.

El policía contesta: *"Soy un hombre de palabra y haré todo lo posible para ayudarlo"*.
Con las cuerdas apretadas fuertes para bloquear el flujo de sangre, pone las vendas sobre la herida.
Yana se calma un poco y explica lo que pasó al policía, quién tendrá que escribir el informe.
Yana no parece tener heridas particulares, pero el policía le aconseja de ir al hospital para una revisión de seguridad.
Dicho esto, la ambulancia llega y el hombre se asegura de que los dos sean transportados juntos al hospital, deseándoles todo lo mejor.

(La certeza es un trato masculino. Cuando un hombre dice que hará algo y lo hace, la mujer confiará plenamente en la masculinidad del hombre y se comportará de manera femenina por él, siguiendo el liderazgo del hombre. Si él actúa de forma insegura e incongruente, la mujer no se sentirá protegida y segura en su presencia).

Diego y Yana llegan al hospital. El hombre es llevado de inmediato al área de los códigos rojos, mientras que Yana es enviada al área de los codigos verdes.
"Todo bien" - dice el doctor - *"Algunas pequeñas rozaduras debidas al hecho de que fuiste atada, pero nada grave. Le aconsejo un poco de descanso. Puede ir a ver como está Diego."*.
Yana agradece al doctor y de prisa va a ver dónde está Diego. Está sobre una camilla y lo están llevando en sala operatoria.
"Qué le pasa a Diego?" - Yana pregunta al doctor.

"Hay que operarlo con urgencia, por favor deje el paso y espere a que termine la operación" - contesta el doctor.

Yana está desconcertada del todo: *"No puede ser... Si no lo hubiese traicionado con Igor, puede que no nos hubieramos visto a la hora prevista de hoy y esta situación no hubiera pasado...".*

Yana llama a Essenia, que llega pronto a verla. Yana le explica todo lo que pasó con los mínimos detalles.

Essenia: *" No fue culpa tuya, la culpa es de los ladrones. Ellos dispararon a Diego, no tú. Todo lo que puedes hacer es esperar que Diego sobreviva a la operación y estar a su lado.".*

Yana: *"Si, tienes razón. Estoy muy preocupada por él".*

El doctor, después de algunas horas, sale del quirófano.

El doctor: *"Hola Yana, hemos terminado la operación.".*

Yana: *"¿Cómo está Diego, doctor?".*

El doctor: *"Hemos extraído la bala y parado la hemorragia. Afortunadamente la bala no golpeó areas vitales, pero Diego está todavía inconsciente. Estará bajo observación hasta que no se despierte.".*

Yana: *"¿Por favor puedo estar a su lado por la noche? Lo amo".*

El doctor: *"Vale, ningún problema... Le daré a Usted una silla para sentarse cerca de él.".*

Yana: *"Muchas gracias, doctor".*

Yana y Essenia siguen al doctor. Yana toma la silla y
se sienta cerca de Diego – mientras tanto Essenia
espera Yana fuera de la habitación.

Las horas pasan pero Diego está todavía
inconsciente y Yana se duerme sobre él, mientras
Essenia duerme fuera de la habitación.

La mañana siguiente Essenia se despierta y
advierte de que Diego está todavía incosciente y que
Yana está dormida cerca de él.

Y.... De repente Diego se mueve, abre los ojos y
nota que Yana está dormida sobre él.

Essenia: *"¡Buenos días Diego! Me alegra mucho
ver que te has despertado. Yana estaba muy
preocupada por ti. Ella estuvo cerca todo el tiempo.
Si lo deseas, puedo llamar inmediatamente a los
doctores para que hagan los controles necesarios".*

Diego: *"Gracias Essenia, pero antes de nada
quiero hablar algunos minutos con Yana. Estoy bien,
quiero hablarle ahora.".*

Essenia: *"Vale, ningun problema".*

Diego hace cosquillas a Yana con una mano y la
despierta. Yana: *"¿Qué pasó?.. ¡¡¡Diego estás
despierto!!! ¡¡¡Estaba muy preocupada por ti!!!".*

Diego: *"También yo estaba preocupado por ti.
Cuando uno de los ladrones me disparó, ví de repente
todo negro y tuve terror de que el criminal te hubiese
disparado una bala también a ti, mientras estaba
cayendo incosciente. Aprecio mucho que estuviste
cerca todo el tiempo y estoy contento de ver que estás
bien".*

Yana: *"Me da mucha lástima todo lo que pasó ayer".*

Diego: *"No fue culpa tuya, Yana. Fue el criminal al dispararme, no tú. La cosa importante es que estamos vivos y bien"*- y continúa: *"Y viéndo tu comportamiento, puedo destacar que eres honesta diciéndome de que me amas."*

Yana: *"¡Claro que te amo Diego... ¡Con todo mi corazón! ¿Significa que me perdonas? ¿Estás disponible a continuar una relación exclusiva conmigo?"* .

Diego: *"Yana.. También yo te amo. Te perdono y la respuesta a la segunda demanda es sí, pero a la condición de que dejes de emborracharte y que a partir de este momento seas leal. ¿Qué dices?"*.

Yana sonrie: *"Claro querido, te lo prometo"* y se con pasión. Sin quererlo, Yana toca con fuerza una área cubierta con bendas del cuerpo de Diego.

Diego: *"¡¡¡Ayy!! No toques ahí"*.

Yana: *"¡Discúlpame!"*.

Diego: *"No te preocupes, no lo hiciste intencionadamente. Ahora es el momento de llamar a los doctores para que hagan las últimas exploraciones que sean necesarias"*.

Essenia sonrie viéndo la escena. Diego le pide a Essenia de llamar a los doctores, los cuales llegan y diagnostican que Diego está bien pero que él tendrá que estar todavía algunos días en el hospital para recuperarse.

Los doctores le preguntan por los datos de contactos de los parientes y amigos más cercanos. Diego sugiere a Yana y Essenia de volver a sus propias casas y descansar un poco, diciendo a Yana

.

que se verán pronto. Durante el día, los padres y los amigos van a verlo. Diego solicita a Emilio de ayudarlo a averiguar como está Martin y de modificar la cerradura de casa, dándole un contacto útil. Luego Emilio le presenta a su novia, Antonina.

Después de algunos días, Diego deja el hospital y vuelve a su casa.

La relación romántica entre Diego y Yana sigue muy bien. Así que deciden de dar la noticia a los respectivos padres.

De repente Yana pregunta a Diego: *"¿Cuándo vamos a vivir juntos?"*.

Diego: *"¡Excelente idea! ¡Enseguida!"*.

Yana: *"¡Muy bien! No veo la hora!"*.

(Una persona puede esconder su propia esencia por un máximo relativo de 90 días. Es mejor por lo tanto no ir de prisa cuando llega el momento de tomar decisiones importantes relativas a encuentros románticos.. El matrimonio no es un requisito vital para una auténtica relación y si fuese el caso tendría que venir evaluada de manera precisa – idealmente después de 1-2+ años de encuentros).

Diego y Yana van a vivir juntos.

"TIENES QUE AMAR DE MANERA TAL QUE LA PERSONA AMADA SE SIENTA LIBRE"
(Thich Nhat Hanh)

www.ingramcontent.com/pod-product-compliance
Lightning Source LLC
Chambersburg PA
CBHW060437290526
45791CB00002B/971

* 9 7 8 0 2 4 4 0 9 0 9 2 0 *